CORPVS
SCRIPTORVM ECCLESIASTICORVM
LATINORVM

EDITVM CONSILIO ET IMPENSIS

ACADEMIAE LITTERARVM CAESAREAE

VINDOBONENSIS

VOL. VIIII.
EVGIPPII OPERA

PARS II

EVGIPPII VITA S. SEVERINI

EX RECENSIONE PII KNOELL.

VINDOBONAE

APVD C. GEROLDI FILIVM BIBLIOPOLAM ACADEMIAE

MDCCCLXXXVI.

Reprinted with the permission of the original publishers

JOHNSON REPRINT CORPORATION
111 Fifth Avenue, New York, N.Y. 10003

JOHNSON REPRINT COMPANY LTD.
Berkeley Square House, London, W. 1

EVGIPPII

VITA SANCTI SEVERINI

RECENSVIT

ET COMMENTARIO CRITICO INSTRVXIT

PIVS KNOELL.

VINDOBONAE

APVD C. GEROLDI FILIVM BIBLIOPOLAM ACADEMIAE

MDCCCLXXXVI.

Reprinted with the permission of the original publishers

JOHNSON REPRINT CORPORATION
111 Fifth Avenue, New York, N.Y. 10003

JOHNSON REPRINT COMPANY LTD.
Berkeley Square House, London, W. 1

First reprinting, 1967, Johnson Reprint Corporation

WENDELINO · FOERSTER

BONNENSI

SODALICII · VINDOBONENSIS

SYMBOLVM

PRAEFATIO.

Cum mihi ab Academia litterarum Vindobonensi munus oblatum esset, ut post Sauppii, uiri praestantissimi, curas nouam in Corpore scriptorum ecclesiasticorum editionem Vitae s. Seuerini pararem, primum quaerendum erat, num codex, quem Sauppe in recensenda Vita ducem secutus erat, ea praestantia esset, in quo noua editio niti posset. multa autem erant, quibus codicis Lateranensis auctoritas debilitari atque infringi uidebatur: de qua re egi in libello academico, qui inscribitur '*Das Handschriftenverhältniss der Vita S. Seuerini des Eugippius*' *Sitzungsberichte d. phil. hist. Classe d. k. Akademie XCV p. 445—498*, in quo codicem Lateranensem multis locis et a librario et a correctore quodam arbitrarie correctum multisque interpolationibus deformatum fundamentum nouae editionis esse non posse exposui simulque codicem potius antiquissimum alterius familiae Taurinensem sequendum esse demonstraui. quam ob rem mihi hic rem paucis absoluere licet. itaque enumeratis atque breuiter descriptis codicibus, quibus in adornanda editione usus sum, enarrabo, cur nonnumquam et ab auctoritate codicis Taurinensis et a coniecturis Sauppii recedendum esse existimauerim.

Iam uero codices huius libelli, per mediam quam dicunt aetatem in Italia et Germania lectitati et saepe descripti, in duas familias discedere iam a Sauppio obseruatum est: altera est bonorum librorum, qui hodie tantummodo in bibliothecis

Italiae inueniuntur [1]), altera eorum, qui interpolati, saepe etiam decurtati sunt: quales multi et in Italia et in Germania imprimis in monasteriis ad ripam Danuuii sitis — unde nonnulli in bibliothecas Vindobonensem et Monacensem translati sunt — asseruantur. dolendum autem est nullos Vitae codices saeculo X uetustiores aetatem tulisse: Vita enim numquam cum altero eiusdem scriptoris opere coniuncta in codicibus mss. inuenitur.

Codicum ipsorum melioris notae duae familiae extant: ad alteram codices Taurinensis, Vaticanus prior, Vallicellianus pertinent, quibus proxime accedit liber Ambrosianus; alterius familiae sunt Lateranensis, Vaticanus alter, quattuor libri, qui nunc Casini asseruantur.

Integrioris familiae codex antiquissimus idemque optimus
T est Taurinensis F. IV. 25 (T), bibliothecae uniuersitatis, in quarto, paginis bipertitis, X [2]), ut uidetur, saeculo scriptus. hic liber olim ad bibliothecam monasterii Bobiensis pertinebat, quod inscriptione in summa folii secundi parte posita indicatur: *Liber sc̃tı [148] columbani de bobio*, quae inscriptio plenior folio 4^{v} iteratur: *hic liber est monachorum congregationis sc̃tę Iustinę de obseruantia ord̃ıs sc̃tı benedicti residentiū in mon̊ sc̃tı columbani de bobio. E cupꝫ s̃ı nõıo 17.* codex inde a folio 1ra ad 24va omnes Vitae partes continet, ut principem locum Epistola Eugippii ad Pascasium diaconum obtineat (fol. 1ra — 2va), deinde [3]) capitulorum index sequatur

---

[1]) Ex omnibus codicibus Germanicis proxime ad eos accessisse uidetur liber S. Emmerami Ratisbonensis, ex quo Vitam Marcus Welser (Augustae Vindel. 1595) edidit.

[2]) Reifferscheid eum X uel XI saeculo scriptum esse autumat. cum autem Vaticanum priorem, quem Sauppius X saeculo exeunti uel XI ineunti assignat, ex Taurinensi descriptum esse demonstrauerim, Taurinensem ipsum s. X scriptum esse, praesertim cum rationes palaeographicae non repugnent, affirmare non dubito.

[3]) Hunc ordinem genuinum archetypi fuisse et ex Epistola Eugippii apparet, ubi p. 5, 21 legitur: *huic epistolae coniuncto praelatis capitulis commemoratorio.*

(— 4va), hunc Commemoratorium ipsum excipiat (fol. 4va — 23vb), cuius postrema uerba, quae non ad Commemoratorium, sed ad Epistolam Eugippii spectant: *Habes, egregie Christi minister,* sqq., in Lateranensi genuino partium ordine perturbato interciderunt. Commemoratorium Epistola Pascasii ad Eugippium rescripta sequitur (fol. 23vb — 24va), quae totum opus concludit. codex nitide exaratus raro correcturas librarii ipsius uel scribae alicuius aequalis expertus est. Taurinensem primus indagauit atque descripsit A. Reifferscheid in Bibliotheca patrum Italica II p. 137 sq., Sauppe autem non adhibuit. contuli ipse ad exemplar Mignianum, cum a. 1877 horum studiorum causa Taurini morarer; nonnullos codicis locos postea Iosephus Müller Taurinensis a me rogatus inspexit meamque lectionem aut comprobauit aut correxit.

Codex Vaticanus 5772 (V) in folio minore, XI, ut uidetur, V
saeculi ineuntis, binis columnis exaratus. hic quoque, priusquam in bibliothecam Vaticanam, ubi nunc asseruatur, translatus est, ad bibliothecam monasterii Bobiensis pertinebat, quod inscriptione in margine superiore folii primi posita indicatur: *Liber sc̃i [123] columbani de bobio.* Vaticanus tantummodo Epistolam Eugippii et Commemoratorium a fol. 29rb ad 41va exhibet; consulto, ut uidetur, a librario index capitum et Epistola Pascasii omissa sunt, cum ea ad rem necessaria esse non uiderentur. in codice cum cura exarato litterarum initialium spatia uacua relicta sunt, nempe ut postea a rubricatore minio pingerentur; nonnullae autem litterae, quae propter uitiosam membranae naturam in scribendo diffluxerant, a librario ipso supra uersum additae sunt. Vaticanus quamquam non omnes quas Taurinensis Vitae partes continet, tamen ex Taurinensi descriptus est, quod ex concordia mendorum lacunarumque utriusque libri in libello s. l. p. 454 sqq. demonstrasse mihi uideor. librum a. 1878 ad editionem Mignianam contuli; posteaquam Sauppii editio in lucem prodiit, eos codicis locos, ubi lectio mea a Sauppii testimoniis differebat, iterum accuratissime inspexi.

N Codex Vallicellianus Tom. XII, quem in libello littera v, in editione littera N signaui, 0·28 × 0·16, XI uel XII saeculo scriptus, Romae in bibliotheca monasterii oratorianorum asseruatus, inde a fol. 74v — 108v omnes Vitae partes eodem quo Taurinensis ordine complectitur: Epistolam Eugippii fol. 74v — 76v, capitula 77r — 79r, Commemoratorium 79r — 107v, rescriptum Pascasii 107v — 108v. Vitam s. Seuerini ut in codice Taurinensi collectio uitarum aliorum sanctorum, qui Paradisus inscribitur, excipit. codicem a librario neglegenter exaratum nec corrector fere aequalis admodum uerecunde tractauit et manus recens lectiones nonnullas ex codice alio interpolato uel editione excerptas supra lineas uel in margine adiecit, quas in notis silentio praeterii, ne apparatum rebus inanibus nimis augerem. ita explicatur codicis Vallicelliani utilitatem in recensendis uerbis scriptoris fere nullam esse. ipsum autem ad familiam codicis Taurinensis pertinere ex eis, quae l. c. p. 458 sq. attuli, apparet, quamquam in quibusdam scripturis, quae minoris momenti sunt, cum codice principe alterius familiae consentire uidetur: de qua re cf. libelli s. l. p. 459. Vallicellianum ipse a. 1878 contuli.

Difficilius est exponere, quaenam cognatio inter codicem primarium Taurinensem et alium eiusdem familiae sit, qui tamen quin ad eandem familiam pertineat omnino dubitari
M nequeat: codicem dico Ambrosianum I. 61. inf., quem in libello s. c. littera A, in notis autem cum Sauppio littera M insigniui. hic liber, etsi in catalogo ms. eius bibliothecae X saeculo scriptus esse dicitur, tamen saeculo XII uetustior non est, quod rationibus palaeographicis probari posse uidetur. ne Ambrosianus quidem liber omnes Vitae partes integras complectitur, sed eas tantum, quae etiam in Vaticano priore extant, Epistolam Eugippii et Commemoratorium a fol. 45r — 60v. in margine libri a librario ipso uel correctore aequali hic illic correcti manus XV uel XVI saeculi argumenta capitum (cf. l. c. p. 453 not. 2), nomina quaedam propria (cf. ibid. not. 3), numeros litterasque initiales capitum, alia uerba probationem legentis exprimentes (cf. ibid. not. 3) adiecit. liber Ambrosianus quamquam in plerisque cum codicibus

NTV ita consentit, ut eum eidem familiae annumerare non dubites — de quo uide quae disputaui l. c. p. 461 — tamen permultis locis a textu non solum huius familiae, sed omnium omnino librorum differt, atque non solum in minutiis et quisquiliis, sed etiam grauioribus in rebus, de qua re cf. quae l. c. p. 462 attuli. a Taurinensi autem ita in quibusdam discrepat, ut dubium prorsus non sit, quin ex eo originem non traxerit. magni certe momenti ad ponderandam codicis Ambrosiani auctoritatem esset ille locus, qui in omnibus utriusque familiae libris hiatu laborat, cum codex Ambrosianus solus lacunam his uerbis expleat: p. 25, 22: *reliquiasque sanctorum ab eo suscipiens uiro dei detulit*, si haec uerba a librario non coniectura addita, sed ex codice parente recepta esse ad liquidum perduci posset. cum autem codex arbitraria interpolatione multifariam deprauatus sit, ne id quidem pro certo affirmari licet, quamquam ea uerba genuinae originis speciem prae se ferre negari non potest. ceterum conferenda sunt quae l. c. p. 462 sq. de hoc libro dixi.

Alterius familiae codex uetustissimus est Lateranensis n. LXXIX (L), tabularii archibasilicae Lateranensis, membranaceus, 0·51 × 0·37, X saeculo binis columnis exaratus, quattuor uoluminibus uitas sanctorum continet. in fronte primi folii uacui a manu posteriore de origine huius collectionis adnotatum est: *Est compositum a secundino ẽpo tauromenitano tempore s̃ci gregorii papę*, quod nescio quis correxit addendo: *erronea inscriptio.* folia 29va — 40rb primi uoluminis Vitam s. Seuerini continent. partes Vitae ita se excipiunt, ut principem locum, sicut in omnibus libris, Eugippii Epistola obtineat, deinceps responsum Pascasii sequatur, Commemoratorium ultimum locum teneat; indices uero singulis capitibus praemissi leguntur: qui ordo in nullo alio codice inuenitur neque genuinus codicis parentis ordo fuit: quod uel ex Lateranensi ipso demonstrari potest. librarius enim, postquam Epistolam Eugippii ad Pascasium exarauit, iam in eo erat, ut capitulorum indicem integrum describeret, quod ex uerbis, quae post Eugippii Epistolam scripta etiam nunc leguntur: EXPLICIT ꝑLOGVS. INCIPIVNT CAPITVLA. *Quomodo primū beat' seuerin' in opido ꝗ asturis uocat'. Et cętera. Expliciunt cap̃. Explic̃ uita et obitus beati seuerini. Incip̃ epła paskasii diaconi ad eugepiũ prb̃m* perspici potest. sed ordine suo arbitrio immutato librarius Epistolam Pascasii, quae in omnibus libris ultimum, ut aptum est, locum tenet, primis indicis capitum uerbis, quae iam exarauerat, deletis descripsit, capitula uero singulis capitibus praemisit. Lateranensis et a librario ipso et ab emendatore fere aequali multis locis corrigendo deprauatus est. corrector autem, ut a me multis exemplis l. c. p. 471 sqq. demonstratum est, rem suam tam temere ac sine ullo consilio gessit, ut persaepe lectione genuina scriptoris mutata sua inuenta in loco eorum quae non intellexerat poneret. id certe et ex correcturis Lateranensis et ex consensu eorum librorum, qui Casini scripti ad eandem familiam pertinent, recte concludi posse uidetur, codicem parentem, ex quo L et Casinenses originem traxerunt, multo propius ad familiam codicis Taurinensis accessisse, quam ex Lateranensi solo conici poterat. quod etiam Sauppe sensisse uidetur, qui quamquam Vitam ad exemplar Lateranense recensuit, tamen persaepe neglecta scriptura codicis Lateranensis ueram et genuinam lectionem ex codice Vaticano (V) repetiuit, cuius rei exempla l. c. p. 477 sqq. attuli. neque uero dubium est, quin id pluribus locis facturus fuerit, si accuratiore collatione codicis Lateranensis usus esset. quibus autem locis uerba Lateranensis aperta interpolatione deprauata sint, l. c. p. 464 sqq. exposui.

Vt autem cognoscamus, quae sit auctoritas codicis Lateranensis qualisque codicis parentis huius familiae condicio fuerit, maximi momenti sunt libri in monasterio Casinensi exarati, qui quamquam XI uel XII demum saeculo scripti sunt, tamen genuinam archetypi lectionem multo fidelius quam ipse codex Lateranensis seruasse uidentur: hi sunt codices Casinenses CXXXVIIII, CXLIIII, CXLV, CXLVI, Vaticanus alter n. 1197. inter eos enim libros ecclesiasticos, qui plurimi post reuocata per abbatem Desiderium (1058—1087) in monasterio

Casinensi litterarum studia [1]) notissimis illis characteribus langobardicis descripti sunt, etiam Eugippii opera fuerunt. nam et Excerptorum codex XI saeculi ibi asseruatur et Vitae s. Seuerini quinque exemplaria in eodem monasterio scripta esse constat. omnes ex uno exemplari fluxisse uidentur, nisi forte — id quod Carolus Hofmannus, qui mea causa codicem CXLV diligenter contulit, ceteros excerpsit, affirmat — codices CXXXVIIII, CXLIIII, CXLVI ex codice CXLV descripti sunt. omnes autem, quos nominaui, cum codice Lateranensi ad eandem familiam pertinere cum ex plurimis scripturae similitudinibus tum imprimis inde concludi potest, quod et uerba Epistolae Eugippii p. 4, 7: *tamen — tacebo* et primi Vitae capitis p. 13, 4: *ac primum — interitum*, quae in codicibus alterius familiae leguntur, in omnibus desiderantur, sub finem autem Commemoratorii p. 66, 6—23 narratio trium sanationum, quae Neapoli per corpus sancti factae esse perhibentur, et in Lateranensi et in Casinensibus leguntur, cum in libris alterius stirpis desint. codices autem Casinenses, quorum discrepantiam scripturae in notis enarraui, sunt:

Vaticanus alter n. 1197, olim littera V_2, nunc G signatus, G formae maximae, singulis paginis bipertitis, Casini XI uel XII saeculo litteris langobardicis scriptus. continet autem inde a folio 189rb — 205rb omnes Vitae partes, quae hoc ordine decurrunt, ut Epistolam Eugippii (189rb — 190rb) capitulorum index (— 191ra) excipiat, Commemoratorium (— 204vb) sequatur, opus totum concludat Epistola Pascasii (— 205rb): ordo igitur idem est, qui in codicibus NT. cum Vaticanus alter a librario diligentissime ex codice parente transcriptus sit, rarissime in eo rasuras et correcturas a manu 2 factas deprehendas. librum partim (— c. VIII) ipse, reliqua G. Kieseritzky a. 1878 contulit.

Cum Vaticano altero in omnibus mendis lacunisque ii libri consentiunt, qui adhuc in bibliotheca Casinensi seruantur, codices CXXXVIIII, CXLIIII, CXLV, CXLVI. ex quibus

---

[1]) cf. Giesebrecht De litterarum studiis apud Italos. Berolini 1844. A. F. Ozanam Documents inédits p. 111 sqq.

CXLVI decurtatus est, cum Vitae maxima pars desideretur, CXLIIII praeter Epistolam Eugippii et capitula nihil nisi primum Commemoratorii caput exhibet, CXXXVIIII omnes partes praeter capitum indicem [1]) habet. totum igitur opus
C integrum solus exhibet Casinensis n. CXLV (C), formae maximae, XI uel XII saeculo characteribus langobardicis scriptus. singulae Vitae partes plane eodem ordine atque in codice Vaticano G se excipiunt. cum autem etiam textus eosdem quos G hiatus atque eadem menda prae se ferat, dubitari uix potest, quin uterque codex non solum ex eodem fonte deriuatus, sed fortasse ab eodem scriba confectus sit. namque ea, in quibus alter ab altero discrepat — cf. notam ad 1, 3. 3, 10. 7, 4. 16. 8, 1. 2. 3. 6. 14. 9, 3. 21. 28. 10, 10 al. — tam leuia et nullius momenti sunt, ut potius ad comprobandam quam improbandam hanc rationem ualeant. codex diligenter exaratus fere nullas correcturas expertus esse uidetur. librum Casinensem CXLV a me rogatus C. Hofmannus diligentissime ad editionem Sauppii contulit, ceteros excerpsit.

Libros Casinenses ex alio eiusdem familiae, ex qua Lateranensis deductus est, exemplari fluxisse l. c. p. 466 sqq. ex concordia mendorum lacunarumque probaui. quamquam autem negari non potest textum codicum Casinensium multas labes atque corruptelas, quae a Lateranensi alienae sunt, traxisse — de quo cf. notas ad 2, 11. 19. 3, 6. 14. 4, 7. 6, 1. 7, 11. 11, 12. 12, 12. 16, 3. 11. 17, 4. 18, 4. 10. 15. 19, 1. 6. 20, 10. 21, 17 al. — tamen saepe ueram archetypi scripturam multo fidelius quam Lateranensis seruauerunt, quod ex consensu codicum alterius stirpis et ex rasuris correcturisque, quas Lateranensis plurimis locis passus est, apparere l. c. p. 469 sqq. demonstraui.

---

[1]) Si codex CXXXVIIII, id quod Hofmannus affirmat, ex codice CXLV ortus est, fortasse uerba, quae in CXLV in fine Epistolae Eugippii leguntur: *Capitula. dimitte* ita explicantur, ut haec uerba propterea addita sint, ne scriba codicis CXXXVIIII capitula, cum ad rem necessaria non esse uiderentur, ex codice CXLV in apographum reciperet.

Codices interpolatos, qui plurimi in Italia et Germania extant, consulto neglexi; plerique autem non totam Vitam, sed quaedam capita exhibent. omnium librorum uero, non solum interpolatorum, antiquissimus est Monacensis, IX saeculo scriptus, cuius scripturas Sauppe in notis editionis suae sub littera D addidit. cum autem eius utilitas, ab I. Friedrich in Hist. eccl. Germ. uol. I p. 432 sqq. iusto pluris aestimata, ad recensendum textum nulla sit, lectiones eius in editionem meam recipere nolui, ne apparatum farragine scripturarum, quae nullius pretii sunt, onerarem. — Interpolatorum praeterea hos aut inspexi aut contuli: codicem Marcianum Venetum, codicem Barberinianum XII, 29, Vallicellianos quattuor: Tom. II, fol. 299, Tom. III, fol. 84, Tom. IIII, f. 94, Tom. VI, fol. 114; codices Vindobonenses quattuor: n. 329, XIII saeculi, n. 416, XIII s., n. 444, olim Lunaelacensem, XII saeculi, n. 1064, XIII uel XIIII saeculi, cuius glossas germanicas in notis addidi. similes glossas etiam codicem Lambacensem 109, s. XII, habere I. Huemer mecum communicauit. codicis s. Petri Salisburgensis arm. 35 notitiam eidem Huemero, collegae optimo, debeo.

Haec fere sunt quae de indole ac condicione codicum manuscriptorum dicenda uidentur. libri autem melioris notae omnes a duobus codicibus ex uno apographo archetypi deriuatis originem traxerunt, quod ex illo hiatu p. 25, 22, qui in omnibus praeter unum Ambrosianum inuenitur, concludi potest. in illo igitur apographo iam haec uerba propter similem uerborum *sacrauit* et *detulit* terminationem intercidisse uidentur. de Ambrosiani autem codicis origine quidquam certi affirmare non ausim atque minime constare supra dixi, utrum illa uerba p. 25, 22 ex codice parente deprompta an potius coniectura addita sint.

Kerschbaumer et Sauppe, qui ante me Vitam s. Seuerini ediderunt, in recensendis uerbis Lateranensem a Bethmanno detectum ducem secuti sunt. contra Lateranensem multis locis corruptelis deprauatum et interpolatum esse, ita ut fundamentum nouae editionis esse non possit, ex correcturis

Lateranensis et consensu codicum Casinensium probaui. sed ne illum quidem codicem parentem Lateranensis et librorum Casinensium, cuius scripturas ex consensu codicum deriuatorum fortasse eruere possimus, ducem in recensendo textu esse posse, cum et ipse iam mutandi coniectandique licentia librarii deprauatus esset, l. c. p. 484 sqq. probasse mihi uideor. quibus rationibus adductus sum, ut in recensendis uerbis Vitae antiquissimum et optimum librum alterius stirpis, Taurinensem, sequi constituerem.

Sed ne codicis quidem Taurinensis auctoritas tanta est, ut neglectis ubique alterius familiae libris in restituendis uerbis Eugippii in eo acquiescere possimus. ita factum est, ut etiam in hanc editionem, quamquam Taurinensem potissimum secutus sum, pauca ex codicibus alterius stirpis reciperem, uelut pro *silenti* p. 2, 13 scripsi *silentii*, p. 4, 22 pro *senior* cum CG *serio*, cum L habeat *seuerinus*, p. 30, 3 ex CGL uerba *atque contemptor* recepi, quamquam in MNTV desunt, cum et propter homoeoteleuton facile excidere potuerint et in capitulo p. 8, 15 legantur; p. 32, 2 *quid, inquit*, pro *quid* edidi, cum fere nusquam in Vita uerbum dicendi omittatur, de quo cf. Ind. s. u. ellipsis. p. 35, 1 dubitanter cum CGL *subdiaconi et materni* pro *diaconi et martini*, quod MNTV praebent, scripsi; eodem modo p. 48, 4 *item* pro *idem*, 48, 10 *compulsa* pro *compulsus*, 60, 5 *singulos* pro *singulorum*, 65, 3 *et orasse et* pro *et orasset* edidi. praeter hos locos numquam a textu Taurinensis codicis recedendum erat, cum Sauppius saepissime codicis Lateranensis scripturis neglectis lectiones alterius familiae recipere cogatur, de quo cf. l. c. pp. 477 sqq.

Vno autem loco doleo scripturam codicum CGL a me auctoritate codicis Taurinensis sine iusta causa neglecta receptam esse: p. 31, 4 enim cum CGL *concussis ex more lapidibus* scripsi, cum mihi lectio codicum alterius familiae *excussis ex more lapidibus* genuina non esse uideretur. sed plagula iam typis absoluta occurrit simillimus Ouidii locus, Met. VIII 339: *ut excussis elisi nubibus ignes*. quare reponas cum codice T *excussis* pro *concussis*, quod eodem modo ortum esse uidetur, quo p. 26, 13 in CGL *retrorsum respiciendo* pro *retrorsum aspiciendo*, quod in MNTV legitur, oriri potuit; hoc tamen simillimo Sedulii pasch. carm. I 123 loco firmatur: *quia nemo retrorsum . . . Aspiciens saluandus erit.*

Neque uero alio loco scriptura codicum neglecta Sauppii coniecturam recipere debebam. uerba sunt c. XXIII, 2 (p. 41, 8), quae in codicibus omnibus ita leguntur: *quas* (sc. *reliquias*) . . . *suscipiens basilicam sancti Iohannis* . . *ultronea benedictione collata sacrauit officio sacerdotum.* Sauppe autem ea ita immutauit, ut scriberet: *quas* . . . *suscipiens in basilicam sancti Iohannis* . . . *ultronea benedictione collatas sacrauit officio sacerdotum*, cum sine dubio alium locum simillimum respiceret, quem tamen interpolando corrupisse uidetur. uerba enim *et sacrauit*, quae p. 26, 1 inserit: *qui debito sanctorum Geruasii et Protasii martyrum reliquias honore suscipiens in basilica* . . . *collocauit et sacrauit officio sacerdotum*, non solum abundant sed etiam sensum plane turbant. tantum enim abest, ut reliquias sanctorum siue per sacerdotem siue per quempiam sanctum uirum sacrari opus sit, ut ipsae locum, in quemcumque conferuntur, consecrent. at nihil prorsus excidit. uerba enim in codicibus tradita recte se habent, dummodo locum recte interpreteris: nam *officio sacerdotum* non ablatiuus est, quem uulgo — cf. Brunneri et Rodenbergii uersiones — interpretantur, sed datiuus, quem finalem uocant. his autem uerbis significatur basilicam monasterii Fauianensis collatis in eam sanctorum Geruasii et Protasii reliquiis ita sacratam esse, ut *sacerdotes* in ea sollemne sacrificium siue *officium* offerre possent. sunt enim quaedam ecclesiae, ubi sacrificium missae offerre sacerdotibus licet, aliae uero, quae eo iure carent. — nostro autem loco interpretes [1]), qui datiuum *officio sacerdotum* pro ablatiuo acceperunt, non magis quid *benedictio* esset intellexerunt. *benedictio* enim

[1]) Fallitur etiam Büdinger, cum in Hist. Aust. p. 50 *benedictionem s. Iohannis* idem, quod germanicum '*Iohannisminne*', significare opinatur indeque concludi posse arbitratur linguam moresque Germanorum iam tum a Romanis recipi coepisse.

uel benedicendi actionem, quam lingua uernacula dicimus '*Segen*', uel rem ipsam sacratam siue sacram significat. ita Paulinus Nolanus ep. 32 c. 8 particulam sanctae crucis *benedictionem crucis* appellat; Eugippius autem uocem hac significatione duobus praeterea locis usurpauit: p. 9, 24 et 39, 21. *benedictio* igitur plane idem significat, quod *reliquiae* siue *sanctuaria*. proinde restituenda sunt uerba librorum mss., quae in linguam uernaculam uersa hoc fere significant: *er weihte die Basilica Iohannes des Täufers, dass die Priester in ihr Messe läsen, indem er die Reliquien, die sich ihm ohne sein Zuthun dargeboten hatten, dorthin übertrug.*

Aliis autem locis in textum codicis parentis utriusque familiae siue incuria librarii siue mendositate ipsius archetypi corruptelae irrepserant, quas scriba eius apographi, ex quo CGL fluxerunt, corrigere conatus est. ita factum est, ut c. XIII, 1, p. 31, 5 pro tradito *alterutra ac petrae collisione* scriberet: *alterutra ferri ac petrae collisione*, cum restituere deberet *alterutra hac petrae collisione*. c. XXXII 2, p. 51, 21 sq. *integritatem* pro tradito *integri* scripsit. huc fortasse etiam pertinet, quod c. XLIIII 7, p. 64, 13 legitur: *multis emensis regionibus* pro corrupto *mulsemensis regionis*, quod tamen expedire nondum contigit. — Non solum autem locos corruptos tentauit, sed etiam uerba integra non satis intellecta emendare studuit, uelut c. XLIII 9, p. 62, 8 *nobis* pro *nostris* scripsit. itaque cum mihi persuasissem iam textum codicis parentis alterius familiae CGL a librario ipso uel correctore arbitrarie mutatum esse, ne iis quidem locis, ubi uerba codicis Taurinensis aperta mendositate laborant, speciosam librorum CGL scripturam recepi, sed spretis horum librorum inuentis iis locis, qui in T deprauati uidebantur, ex ipsorum uerborum ductibus medellam petiui. quod e. gr. factum est c. XXXI 6, p. 51, 9, ubi Sauppe lectionem codicum Casinensium: *in Romani soli prouinciam* — nam etiam uerba a L tradita *in romā soli* corrupta sunt — in textum recepit. quae quamquam ferri possunt, tamen uerba, quae in codice T leguntur, magis genuina esse uidentur: *asserens uniuersos in Romanis ad suas prouincias . . . migraturos*, quae leuissima mutatione emendantur, cum pro *in* scribitur *inde* (= *iñ*): *uniuersos inde Romanos ad suas prouincias . . . migraturos; Romanos* autem habet M.

Difficilius autem erat alium locum intricatissimum expedire. quae enim uerba c. XI 4, p. 28, 10 leguntur: *secreta pectoris satisfactionibus prodiderunt*, ea aperte mendosa esse nemo non uidit; neque tamen coniecturae prolatae placebant, cum non omni ex parte satisfacerent. uerum Hartelius uidisse uidetur, cum scribendum proponit *satactionibus* uel *satisactionibus*, quod uocabulum idem significat atque *perturbatio*. haec significatio nostro loco maxime quadrat. substantiuum quidem, quantum scio, nusquam legitur; uerbum autem *satisagendi* hac significatione apud scriptores sequioris aetatis, imprimis apud Luciferum — cf. Ind. Hartelii p. 374 — saepissime usurpatur. in scriptoribus autem huius aetatis quid inusitatum? cur autem aliis locis — uelut p. 14, 20 *putas non ipse est*, p. 29, 8 *quae docetis* al. — mea editio a Sauppiana dissentiat, aut ex notis aut ex indice adiecto satis apparere puto.

Hymnum in laudem s. Seuerini a monacho quodam ex codice aliquo familiae CGL compositum A. F. Ozanam primus in *Documents inédits p. 241 sqq.* ex codice Vaticano 7172 publicauit, Sauppe editioni suae praemisit. H. autem Sedlmayer, collega optimus, eum mea causa denuo accuratissime excussit, cuius collationis lectiones in notis addidi: qui codicem illum Vaticanum saeculo XI uetustiorem esse negat.

Restat, ut de ratione huius editionis pauca addam. in scripturis librorum manuscriptorum in annotatione critica allatis, quae a notis editionis Sauppianae differunt, meis fidem uindico, cum in ipsis codicibus primariis conferendis, Vaticano priore et Lateranensi, exemplar Sauppianae editionis mihi praesto fuerit; neque tamen id singulis locis annotandum esse putaui, ne iactantiae speciem incurrerem. multum autem me Sauppii curis debere libere et grato animo hoc loco profiteor. ordinem tamen singularum Vitae partium, qui in editione eius inuenitur, deserendum esse existimaui, cum mihi ne hac quidem in re ab auctoritate codicis Taurinensis, quocum Vallicellianus et Casinenses faciunt, esse recedendum proposuerim cumque ordinem codicis Lateranensis arbitrarium esse supra demonstrauerim. sic etiam in capite VII, quod a Sauppio una capitis VI paragrapho addita auctum erat, ordinem ab omnibus libris commendatum restitui. in orthographicis autem fere ubique auctoritatem Taurinensis religiose sum secutus. ita factum est, ut e. gr. in Vita *epistola* scriberem, cum in Excerptis semper *epistula* legatur; numquam autem cum Taurinensi *cottidie*, sed ubique *cotidie* scripsi. in uetustioribus libris Taurinensi, Lateranensi, Vaticano priore uel minutissimam scripturae discrepantiam — uelut ubi *e* pro *ę* uel *oe* scriptum erat — diligenter annotaui, quod in recentioribus neglexi, nisi ubi cum illis consentiebant.

Reliquum est, ut iis uiris doctis, qui me in adornanda hac editione adiuuerunt, quas debeo gratias agam, H. St. Sedlmayero, A. Bachmanno Pragensi, qui notas quasdam ad Vitam mihi transmisit, R. Heinzel, qui de nominibus propriis germanicis mea causa consultus opem suam non denegauit, imprimis autem G. Hartelio, qui qua est humanitate et singulari doctrina, etiam in edenda Vita s. Seuerini mihi adiutor extitit.

Scribebam Vindobonae Nonis Martiis 1886.

P. Knöll.

EVGIPPII

VITA SANCTI SEVERINI.

C = codex Casinensis CXLV, XI—XII s.
G = codex Vaticanus alter n. 1197, XI—XII s.
L = codex Lateranensis LXXIX, X s.
M = codex Ambrosianus I. 61. inf., XII s.
N = codex Vallicellianus tom. XII, XI—XII s.
T = codex Taurinensis F. IV. 25, X s.
V = codex Vaticanus prior n. 5772, XI s.
codd. Casin. = codices Casinenses CXXXVIIII, CXLIIII, CXLVI, in primo Vitae capite adhibiti.

EPISTOLA EVGIPPII PRESBYTERI AD PASCASIVM DIACONVM.

DOMINO SANCTO AC MERITO VENERABILI PASCASIO DIACONO EVGIPPIVS IN DOMINO SALVTEM.

Ante hoc ferme biennium, consulatu scilicet Inportuni, 1
epistola cuiusdam laici nobilis ad quendam directa presbyterum nobis oblata est ad legendum, continens uitam Bassi monachi, qui quondam in monasterio montis, cui uocabulum est Titas, super Ariminum commoratus, post in Lucaniae regione defunctus est, uir et multis et mihi notissimus. quam epistolam cum a quibusdam describi cognoscerem, coepi mecum ipse tractare nec non et uiris religiosis edicere, tanta per beatum Seuerinum diuinis effectibus celebrata non oportere celari miracula.

1 epistola — diaconum] *om. T*; Incipit uita beati seuerini (seuerini *add. m. 2*) V^1 plogus in uita *supra scripsit* V^2 Incipit plogus de uita uł obitu sc̄i seuerini *L* Incipit epistola egeppii pb̄ri ad paschasium diaconum de uita et miraculis sc̄i seuerini *G* Explicit uita beati hylarionis. Incipit epistola eugepíí pb̄ri ad pascasium diaconē directa de uita sc̄i seuerini abbatis *M* Finit uita sc̄i hylarionis heremitę. Incip̄ uita sc̄issimi abbatis seuerini. epistola eugepii pb̄ri ad paschasium diaconem directa *N* 3 sancto ac] suo *G* merito] *om. CGL* paschasio *CG* paskasio *L* 4 eugipius *V* eugepius *CGLMNT* domino] x̄po *CGL* 5 consolatu *M* consulatus *N* importuni *CGLN* inporntuni *M pr.* 7 uobis *NTV* 8 quondam] quodam *TV* 9 titis *MNTV*; *cf. Ind.* 10 michi *CGL; sic semper* 11 descriptā *L* cępi *CMV* cepi *GL* 13 cęlebrata *MV* 14 cęlari *V*

2 Quae cum auctor epistolae praefatae rescisset, animo prompto remandauit, ut aliqua sibi per me eiusdem sancti Seuerini mitterentur indicia, quibus instructus libellum uitae eius scriberet posterorum memoriae profuturum. hac ego protinus oblatione compulsus commemoratorium nonnullis refertum indiciis ex notissima nobis et cotidiana maiorum relatione composui, non sine magno maerore animi, iniustum scilicet reputans, ut te superstite laicus a nobis hoc opus efficere rogaretur, cui et modus et color operis non sine praesumptione quadam possit iniungi, ne forsitan saeculari tantum litteratura politus tali uitam sermone conscriberet, in quo multorum plurimum laboraret inscitia et res mirabiles, quae diu quadam silentii nocte latuerant, quantum ad nos attinet ignaros libe-
3 ralium litterarum, obscura disertitudine non lucerent. sed non ultra lucernae illius igniculum te uelut sole splendente perquiram: tantum ne mihi peritiae tuae radios nube quadam excusationis obducas, imperitiam propriam uidelicet accusando. noli, obsecro, tam duris me uerberare sermonibus, dum dicis: quid tibi aquas expectare de silice? iam utique non expecto de silice plateae saecularis, sed a te, qui spiritalibus spiritalia

1 praefatae] *om. LM* prompto remandauit] promptiore mandauit *CGL* 2 s͠ci *et* 3 quibus] *bis, a m. 1 et 2, scriptum exhib. T* 3 inditia *M* uite *V* scriberet] scribere[t] *M* ederet *L* 4 memorie (e *add.* T^2) *TV* hac] huic *L* ego] ergo *L* 5 oblacione *V* commemoratorum *V* commoratorium *M* 6 inditiis *M* cottidiana *TV* quotidiana *L* relacione *V* 7 merore *CGLMNT* timore *V* 8 superstitē N^1 rogaretur efficere *CGL*; ere *in ras. G* 9 calor *M* 10 quodam T^1 forsitā L^1 forsitān L^2 seculari *MT* litteratura] littura *M* 11 multorum] *om. CG* 12 plurimorum *CG* inscicia *M* inscientia *N* 13 silenti *MNT V* quantum] quatū *V* libaralium *V*; *corr. m. 2* 14 dissertitudine *MNTV* sed non *MNTV*: sed nequaquam *CGL* 15 lucerne *T* uelud *G* 16 periciȩ *V* 17 impericiam *V* propriam] *om. N* uidelicet propriam *C* accusando] accusatio M^1 accusans M^2 18 noli] non *M* 19 scilice *M* iam] quam *CG* nam *Sauppe* utique] itaque *M* 20 scilice *M* spiritualibus *CG* spiritualia *C* spirituali *G*

comparans nos de firmissima petra illo quo profluis orationis
melle recreabis: de quo iam nectareum suauissimae promissionis
gustum dirigens praecipis, ut commemoratorium uel indicia
uitae saepe dicti sancti Seuerini transmitterem: quae donec in
tuae constructionis libellum transire mereantur, nequaquam
animum recensentis offendant. quisquis enim ad construendam 4
domum architectum requirit, necessariam sollicitus materiem
praeparat: quod si moles instar parietum impolitis componatur
artifice tardante lapidibus, numquid aedificasse dicendus est, ubi
nulla magistri structura prorsus interuenit, nulla rite subicitur
fundamenti muuitio? sic ego quoque pretiosam materiem ingenio
uestro uilissima compositione uix praeparans num putari
debeo conscripsisse quod cupio, ubi disciplinae liberalis nulla
constructio, nullus grammatici culminis decor extitit? habet 5
plane certum fundamentum solius fidei, quo sanctum uirum
mirandis constat claruisse uirtutibus, quod per manus linguae
tuae nunc offero collocandum, de tui operis fastigio laudes
Christo debitas redditurus.

Illa quoque, precor, uirtutum beneficia sanitatumque remedia, 6
quae uel in itinere uel hic apud eiusdem beatissimi patris
memoriam diuina sunt peracta uirtute, digneris adnectere:
quae quoniam fidelis portitor, filius uester Deogratias, optime
nouit, uerbo commendauimus intimanda, sperantes nos baiuli
nomen etiam de tui operis perfectione iugiter esse ducturos,

1 illo quo profluit *N* ilico profluis *M* illo pro quo fluis *TV* orationibus *M* 2 nectariū *V* 3 commemorium *V* inditia *M* 4 sepe *GM* dicta *V* 5 tue *TV* 6 quisquis] siquis *CG* 7 materiam *CL* 8 molæs *M* instar *CGMNTV*: ad instar *L* componat *CGL* 9 nunquid *CGT* 10 magistri—nulla] *om. G* magistri] magis *L* *post* intoruenit *ras. 10 fere litt. V* 11 preciosam *V* materiam *MN* 12 composi^{ti}one *V* comparatione *M* praeparans] comparans *M* 14 constructio] instructio *suspicatur Hartelius cl. ep. Pascas. §. 5* gramatici *T* extitit *LMNTV*: existit *CG* 15 quo] quod *L* 16 co^{n}stat *M* lingue *T* 17 offero] confero *CGL* 19 uirtutum] *om. M* b̄n̄fitia *M* 20 itinere] itire *V* apud] ad *CGL* 21 uirtute* *T* annectere *CGLN* 24 nomine *CG* perfectione p̱fectione *V* ducturos *Sauppe*: dicturos *CGLMNTV*

ut dei fidelissimus famulus tantis uirtutibus opulentus, sicut
ad sanctorum gloriam suis per Christi gratiam meritis uehitur,
sic ad humanam memoriam tuis litteris consecretur.
7 Sane patria, de qua fuerit oriundus, fortasse necessario a
nobis inquiritur, ut inde, sicut moris est, texendae cuiuspiam
uitae sumatur exordium. de qua licet me fatear nullum euidens
habere documentum, tamen quid hinc ab ineunte aetate cogno-
8 uerim non tacebo. cum multi igitur sacerdotes et spiritales
uiri nec non et laici nobiles atque religiosi, uel indigenae uel
de longinquis ad eum regionibus confluentes, saepius haesitarent
inter se quaerentes, cuius nationis esset uir, quem tantis cer-
nerent fulgere uirtutibus, nec ullus ab eo penitus auderet
inquirere, tandem Primenius quidam, presbyter Italiae, nobilis
et totius auctoritatis uir, qui ad eum confugerat tempore, quo
patricius Orestes inique peremptus est, interfectores eius metu-
ens, eo quod interfecti uelut pater fuisse diceretur, — post
multos itaque familiaritatis adeptae dies erupit quasi pro omni-
bus et ita sciscitatus est dicens: ‘domine sancte, de qua pro-
uincia deus his regionibus tale lumen donare dignatus est?’
9 cui uir dei faceta primum hilaritate respondit: ‘si fugitiuum
putas, para tibi pretium, quod pro me possis, cum fuero
requisitus, offerre’. his talia serio mox subiciens: ‘quid prodest’

1 uirtitibus *M pr.* opulentus] opîmus *L* 2 per] ꝑ (= pro) *N* ueheitur *M* euehitur *CGL* 5 ut inde *MNTV*: unde *CGL* texende *GV* texendo *N* 6 qua] *om. L*; ea *Sauppe* licet] *om. C GL* fateor *CGLM* 7 tamen—tacebo *MNTV*: *om. CGL* 8 cum multi igitur *MNTV*: nam cum multi *CGL* spirituales *CG* 9 nobiles *V* 10 re*gionibus *T* sepius *GMNV* esitarent *N* hesitauerint *C* esitauerint *M* excitauerint *L* 11 querentes *GN* 12 fulgere] fleere *M* nullus *G* pęnitus *LV* penit'us *M* 13 inquirer& *N* primſnius *L pr.* pimenius *CG* Italiae] *om. M* 15 oreste *N* iniquę *G* peremtus *N* 16 uelud *N* 17 itaque] *om. CG* adepte *NV* 18 siscitatus *G* scę *LN* prouintia *MT* 19 deus] *om. M* lumen] lumen xpſ *M* 20 hylaritate *CGL* 21 precium *MNV* 22 serio *CG*: senior *MNTV* seuerinus *L* subitiens *M*

inquit 'seruo dei significatio loci uel generis sui, cum possit id tacendo facilius uitare iactantiam, utpote sinistram, qua nesciente cupit omne opus bonum Christo donante perficere, quo mereatur dextris socius fieri et supernae patriae ciuis adscribi? quam si me indignum ueraciter desiderare cognoscis, quid te necesse est terrenam cognoscere, quam requiris? uerum tamen scito, quia deus, qui te sacerdotem fieri praestitit, ipse me quoque periclitantibus his hominibus interesse praecepit'.
tali memoratus presbyter responsione conticuit nec quisquam 10
ante uel postea beatum uirum super hac parte percontari praesumpsit. loquela tamen ipsius manifestabat hominem omnino latinum, quem constat ad quandam orientis solitudinem feruore perfectioris uitae fuisse profectum atque inde post ad Norici Ripensis oppida, Pannoniae superiori uicina, quae barbarorum crebris premebantur incursibus, diuina compulsum reuelatione uenisse, sicut ipse clauso sermone tamquam de alio aliquo referre solitus erat, nonnullas orientis urbes nominans et itineris inmensi pericula se mirabiliter transisse significans. haec igitur sola quae retuli, quotiens de beati Seuerini patria sermo ortus est, etiam ipso superstite semper audiui. indicia uero mirabilis 11
uitae eius huic epistolae coniuncto praelatis capitulis comme-

2 cf. Matth. 6, 3

1 sui loci uel generis *CGL* possit *MNTV*: potius *CGL* 2 facilius] facilius possit *CGL* euitare *CGL* iactandam *MN*; *corr. m. 2 M* 3 omne] *om. N* op' (= opus) *add. M*¹ *in mg.* 4 sotius *T* ciuis] ciues *N* cui' (= cuius) *V* 5 adscribi *MT*¹ (d *ras. in T*): ascribi *CGLNV* quam] quā (*uirgula rasa*) *L* desiderare *CGMTV*: desiderante *N* designare *L* cognoscis — terrenam] *om. M* 6 requiris] quęris *L* ueruntamen *GL* uerūptamen *M* 8 me] *om. V* 9 quicquā (*sed* c *in ras. a m. 2*) *L* 10 percunctari *M* 12 constat] constat prius *CGL* quendam *G*¹; *corr. m. 2* 13 ad] *om. M* nôrici *L* nurici *MTV* 14 opida *L* 15 pręmebantur *L* compulsu *N* reuelatione] uisitatione *L* 16 tanquam *CGTV* 17 immensi *LN* immensa *CG* 19 hortus *G* 20 semper] sepe *M* inditia *M* 21 prelatis *C* pręlat' (= praelatus) *N*

moratorio recensita fient, ut rogaui, libro uestri magisterii clariora. superest, ut eius orationibus tuas sociare non desinas et indulgentiam mihi poscere non desistas.

1 fiant *CG* rogauit *M* uestro *G* magisterio *G* magistri *M* 2 tuas sociare] t. sotiare *T* tu associare *N* 3 et *libri*: ut *Sauppe* mihi] *om. M* desistat *L* INCIPIVNT CAPITVLA DE HIS QVAE IN COMEMORATORIO CONTINENTVR (*rubric.*) ID EST QVIB; VITĘ (*om. N*) VEL GESTORV̄ SCI SEVERINI PANDVNTVR INDICIA *NT* Explič prologus. Incipiunt capitula. Quomodo primum beatus seuerinus in opido quod asturis uocatur. Et cętera. Expliciunt cap̄. Explič uita et obitus beati seuerini. Incip̄ epła paskasii diaconi ad eugepiū prb̄m *L* Explicit epła (*om. V*) Incipit uita sc̄i (beati *V*[2] *in ras.*) seuerini abbatis ab eugepio pb̄ro edita pascasio diacono directa *MV*; *sed uerba inde ab* abbatis *om. V* Explicit prologus. Capitula dimitte *C*

CAPITVLA.

I. Quomodo primum beatus Seuerinus in oppido, quod Asturis uocabatur, et saluberrima exhortatione bonorum operum et ueracissima futurorum praedicatione claruerit.

II. De oppido, cui erat uocabulum Comagenis, per eum mirabiliter ab hostibus liberato.

III. Quod habitatoribus ciuitatulae Fauianis diu fame laborantibus miro modo deus eius oratione subuenerit.

IIII. De praedonibus barbaris, qui etiam omnia arma sua cum praeda, quam extra muros Fauianensium ceperant, amiserunt, uel de instituto eius atque humilitate praecipua.

V. In quanta reuerentia eum Rugorum rex Flaccitheus habuerit, uel qualiter ab insidiis inimicorum ipsius sit liberatus oraculo.

VI. De unico filio uiduae gentis praedictae Rugorum, quem per annos XII dolor excruciauerat, uiri dei oratione sanato.

VII. Qualiter Odoacar adulescentulus, uilissimis pellibus opertus, ab eo praenuntiatus sit regnaturus.

VIII. Quod Feletheus, qui et Feba, Rugorum rex, ante lati

1 *Capitula exhibent CGNT, om. MV; in L singulis capitibus praeposita sunt* 2 opido *L* 3 uocatur *CGL* exortatione *N* 4 uericissima *L* ueracissimaṣ *N* craruerit *C* 5 opido *L* 6 liberatos *N* 7 *Titulus capitis III plane differt in L:* De ciuitate oppressa fame & muliere occultante frumenta & de aduentu nauium fabianis *CGNT* 8 oracionem *G* 10 preda *CT* fabianensium *L* fabinensium *G* coeperant *T* 11 uel de *LNT*: ualde *CG* 12 rex] rec *L*[1]; *corr. m. 2* flaccithęus (ę *a m. 2*) *L* flacitheus *NT* 16 sanata *G* 17 odoagar *N* odouacer *CGL* 18 coopertus *CG* prenuntiatus *T* p̄nuntiat' (' *add. m. 2*) *L* regnaturos *L*[1] (*corr. m. 2*) regnaturū *N* 19 felethęus (ę *a m. 2*) *L* pheba *T* feua *CGL*

filius Flaccithei, pessimam coniugem rebaptizare catholicos metu sancti Seuerini uetuerit, uel quale periculum illa de paruulo filio suo Frederico quadam die, dum pro quibusdam intercessionem eius contempsisset, incurrit.

VIIII. De portitore reliquiarum sancti Geruasii et Protasii martyrum mira uiro dei reuelatione monstrato, uel qua responsione, dum rogaretur, episcopatus declinauerit honorem.

X. De quodam ostiario uspiam egredi quadam die prohibito, mox a barbaris capto ab isdemque suppliciter restituto.

XI. De miraculo, quod in castello Cucullis factum est, ubi cereis diuinitus accensis sacrilegi, qui se primitus occuluerant, declarati sunt atque correcti.

XII. Quemadmodum de finibus praefati castelli locustae ieiunio, oratione atque elemosynis deo propitiato depulsae sunt, abrasa mirabiliter segete cuiusdam pauperis increduli contemptoris.

XIII. Quomodo cereus in manu serui dei orantis accensus sit, dum uespertinae laudis officio ignis de more necessarius minime fuisset inuentus.

XIIII. De mirabili sanatione mulieris desperatae, quae post inmanem diutinumque langorem ita uiri dei oratione conualuit, ut ad opus agrale die tertio fortis accesserit.

1 filii *G* flaccithęi (ę *a m. 2*) *L* flacithei *N* pessima *N* 2 uetuerit] uenerit *G* periculam *G* 3 paruunculo *L* die] *om. G* pro *NT*: de *CGL* 4 contemsisset *N* incurrerit *CGL* 5 reliquarum *N* ptasii ⁊ geruasii *N* 6 mira] mirifica *CGL* uiro *Hartelius*: uiri *GLNT*, *om. C* reuelatione *CGL*: relatione *NT* 8 hostiario *NT* 9 isdēq, *N*: hisdemque *CGLT* 10 coccullis *T* cu (cullis *margine desecto intercidit*) *L* 11 caere*is *L* diuin *et* prim (itus *in mg. intercidit*) *L* occulerant *CGLN* 12 declarati sunt] declaratiſ *N* atque] *intercidit in L* correcti *CGLT*: perfecti correpti *N* 13 quemammodum *N*, *ubique* 14 oratione] et oratione (oracione *G*) *CGL* elemosinis *CLN* helemosinis *G* elimosinis *T* dei *G* sint *CGL* 15 abraso *N* increduli] incretu *G* 17 caereus *L* 20 quae] *om. N* 21 inmane *T* langorē (v *add. m. 2*) *T* ita] a *N* 22 agrale] *om. N* fortis] foris *N*

XV. Quemadmodum in baiulos postes a parte fluminis ecclesiam sustentantes, quos aqua saepe superfluens transcendebat, orans dei seruus crucis signaculum securi sculpserit, quod signum numquam deinceps aqua penitus excedebat.

XVI. De Siluino presbytero defuncto, cuius cadauer feretro impositum celebratis nocte uigiliis mox ad uocem uocantis aperuit oculos, rogans dei famulum, quo uocante reuixerat, ne ulterius experta requie priuaretur.

XVII. Quam sollicita pauperibus cura ministrauerit, uel quod distributioni eius etiam Norici decimas dirigebant, quibus de more perlatis periculum his, qui dirigere distulerant, imminere praedixit.

XVIII. Quemadmodum rubigo, quae messibus nocitura paruerat, per uirum dei ieiuniis et oratione depulsa sit.

XVIIII. Quod Gibuldus, Alamannorum rex, coram seruo dei magno sit tremore concussus et reddiderit multitudinem captiuorum.

XX. Quomodo ei militum fuerit interfectio reuelata, propter quorum corpora sepelienda suos ignorantes direxit ad fluuium.

XXI. Paulinum presbyterum, qui de longinquo ad eum uenerat, reuertentem ad patriam praedixit mox episcopum ordinandum.

XXII. Quod, dum basilicae nouae sanctuaria quaererentur, ultro sibi sancti Iohannis Baptistae benedictionem praenuntiauerit deferendam et illi oppido cladem se absente futuram, qua in baptisterio presbyter uaniloquax interfectus est.

XXIII. Qualiter sanctuaria praedicta susceperit.

XXIIII. De mansoribus alterius oppidi, qui spreto mandantis

1 ęccłam *T* 2 trāscedebat (n *supra* a) *L* 3 orat *G* sculpserit *T*: scalpserit *CGLN* 4 numquam] *om. CGL* penitus] penitus non *CGL* 6 imposito *CG* noctę *G* 8 requię *G* 10 quod] quo *N* dirigebant decimas *L* 15 giuuldus *L* gebuldus *NT* alammanorum *G* 16 c̄cussus *L, sed* cussus *in ras.* 18 interfeccio *G* 19 fluuim *N* 21 reuertente (reuert *in ras.*) *C* mox *NT*: norici *CGL* ordinandi *G* 23 quererentur *CGN* 25 opido *L* qua] ꝗ (= quod) *L* 28 opidi *L* mandantis *CNT*: mandatis *GL*

oraculo mox ab Herulis interfecti sunt, quia locum praemoniti relinquere noluerunt.

XXV. Quemadmodum scriptis ad Noricum destinatis castella ieiuniis, orationibus atque elemosynis praemunierit, quibus praenuntiata hostis irruptio nocere non potuit.

XXVI. De leproso mundato, qui reuerti ad propria, ne lepram peccati magis incurreret, euitauit.

XXVII. De uictoria, quam apud Batauis de Alamannis oratione sancti Seuerini sumpsere Romani, et quod post triumphum, qui praedicentem sequi spreuerant, sint perempti.

XXVIII. Quemadmodum ministrante famulo dei pauperibus oleum creuisse contigerit.

XXVIIII. De his, quibus collo uestes egenis erogandas Norico deferentibus ursus media hieme ducatum per niues heremi usque ad humana habitacula praebuit, quos tali duce uenire solita uir dei reuelatione cognouit.

XXX. Qualiter ad ciuitatem Lauriacum hostes futura nocte uenturos praesenserit et male securis ciuibus uigilare uix suaserit, quod mane probantes infidelitati ueniam cum gratiarum actione poscebant.

XXXI. Quomodo Febae, regi Rugorum, ad Lauriacum cum exercitu uenienti occurrerit et in sua fide populos susceperit, ut eos ad inferiora oppida, id est Rugis uiciniora, deduceret.

1 praemuniti *NT* 3 scriptis *NT*: *om. CGL*; litteris *Sauppe* destinatis ad noricum *L* 4 orationibus *T* (*cf. p. 13, 6; 14, 11 al.*): *om. CGLN* elemosinis *CLNT* helemosynis *G* praemuniuit *CG* praemunient *N* 5 inruptio *T pr.* 7 lępram *T* peccati *CGL*: *om. NT* uitauit *CGL* 8 batabis *NT* baptauis *L* 9 sumsere *T* triumphus *G* 10 praedicentem] p̄cedentē *N* sprę-uerant *T* speuerant *G* sunt *GL* 12 oleum] eleū *N* contigerit *NT*: prouenerit *CGL* 13 his *LNT*: iis *CG* 14 nurico *NT* a norico *CGL* hyeme *L* 15 humana habitacula] cunabula *N* 16 reuelatione *CGL*: relatione *NT* 17 lauriăcum *C* lauriam *G* 18 uenturo *N* securi *N* 19 infidelitate *C pr.* 21 febe *N* feuę *CGL* regi] *om. G* lauricam *C* lauriam (c *supra* r) *G* 22 occurrerat *L*[1] (*corr. m. 2*) 23 opida *L* uicioniora (o *del. m. 1*) *L* deduc̄ *C*

XXXII. Quemadmodum Odoacar rex aliqua a se sperari poscens Ambrosium quendam de exilio ad serui dei litteras reuocauerit et, quot annis regnaturus foret, laudatoribus regis eiusdem dei seruus praedixerit.

XXXIII. De filio cuiusdam ex optimatibus regis Rugorum in oppido Comagenis uiri dei oratione sanato.

XXXIIII. Qualiter elefantiosus quidam, nomine Teio, curatus est.

XXXV. De Bonoso monacho, qui, dum oculorum imbecillitatem quereretur, audiuit ab eo: ‘ora magis, ut corde plus uideas’: mox mirabiliter affectum iugiter orandi promeruit.

XXXVI. De tribus superbientibus monachis, quos mox tradidit satanae, ut eorum spiritus saluaretur, de qua re prolatis duorum patrum exemplis uerissimam suo loco reddidi rationem.

XXXVII. Quemadmodum horam tribulationis Marciani et Renati monachorum suorum, quam in alia prouincia positi pertulerunt, oratione praesentibus ceteris fratribus indicta signauerit.

XXXVIII. De periculo letalis papulae, quod ante quadraginta dies Vrso monacho futurum et reuelatione praedixit et oratione curauit.

XXXVIIII. De habitaculo eiusdem beati uiri, stratu quoque uel cibo pauca tenuiter indicantur.

1 odoaca[r] *N* odoacer *LT* odouacer *CG* aliqua] reliqua *LN* sperari] separari *L* 3 regis *NT*: eius *CGL* 4 eiusdem *NT*: idem *CGL* 6 opido *L* oppida *G* commagenis *CGT* sanata *G* 7 elefantiosus] electantius *L* Teio] telo *CL* 8 est *NT*: sit *CGL* 9 oculorum inbecillitate *N* oc. imbecillitate *G* de oculorum imbecillitate *L* de imbeccillitate oc. *C* 10 quęreretur *LT* 11 affectum *libri*: effectum *Sauppe* 12 superbientibus *LNT*: superuenientibus *CG* mox] *om.* *CGL* 13 sathanę *L* satane *G* 14 exemplis] test exēplis *L* loco suo *CGL* reddidit *CGL* 16 [h]orā *T* hora *CGL* ora *N* martiani *NT* mar[c]tiani *L*; *corr. m. 1* 17 prouintia *T* 18 oracionem *G* caeteris *L* indicta *NT*: indicia *CGL* 19 signant *G* sigñ *C* 20 periculis *GNT* l[o]etalis *T* loetalis *LN* lęthalis *G* papulae] paulę *N* 23 strato *CG*

XL. Qualiter, cum propinquare transitum suum deo sibi reuelante sensisset, regem Febam noxiamque reginam fuerit adlocutus nec suos ex illo praemonere destiterit, generalem populi migrationem propinquare praenuntians suumque corpusculum pariter portari praecipiens.

XLI. Quomodo etiam diem transitus sui sancto Lucillo presbytero manifestius indicauit.

XLII. Quemadmodum Fredericum, fratrem praedicti regis, contestatus sit suosque monuerit.

XLIII. De obitu eius uel qualibus monitis ultima suos et prolixa pius exhortatione fuerit prosecutus.

XLIIII. Qualia post discessum eius monasterio Fredericus intulerit qualiterue punitus sit, uel quatenus eius oraculum prospera populi fuerit migratione completum uel corpusculum eiusdem leuatum carpentoque deuectum.

XLV. De multorum tunc sanatione debilium, qua de singulis omissa unius tantum muti loquela refertur orando sub carro, quo adhuc erat corpusculum, reddita.

XLVI. De fide inlustris feminae Barbariae susceptricis et occursu Neapolitani populi, ubi cum nihilominus multi tunc a diuersis fuerint sanati langoribus, unius tantum sacrae uirginis sanatio memoratur.

1 cum *NT*: dum *CGL* propinquaret *N* transitum] terminum *N* 2 feuam *CGL* 3 allocutus *CGLN* praemoneret *L* (t *del. m. 2*) 7 indicauerit *CG* indicarit *L* 8 fredericum *N T*: ferderuchum *CGL* praedicti] dicti *G* regis] regis feuae (fęue *C*) *CGL* 9 sit] *om. L* suosque monuerit] suos commonuerit *L* 10 uel] et *L* ultimas *N* 11 exortatione *N* 12 monasteriis *CG* ferderuchus *CGL* 13 quatinus *CG* qualiter *N* 14 completus *G* 16 qua] quę *G* 17 mu*ti (l, *ut uidetur, erasa*) *T* loquelam *NT* 18 quo] quod *N* redita *N* 19 illustris *CGLN* 20 occursu] cursu *CG* nichilominus *CGL* 21 langoribus *T*: languoribus *CGLN* unius *NT*: trium *CGL* sacrae uirginis *NT*: *om. CGL* 22 sanatione moratur *N* EXPLICIVNT CAPITVLA. INCIPIT (*om. C*) VITA (uel obitus *add. CG*) SCI SEVERINI ABBATIS (*om. G*; confessoris *C*) *CGNT* Lectio prima *add. C* Incipit uita sti Seuerini abbatis *add. m. posterior T*

VITA SANCTI SEVERINI.

I. Tempore, quo Attila, rex Hunnorum, defunctus est, utra- 1
que Pannonia ceteraque confinia Danuuii rebus turbabantur
ambiguis ac primum inter filios eius de optinendo regno
magna sunt exorta certamina, qui morbo dominationis inflati
materiam sui sceleris aestimarunt patris interitum. tunc ita-
que sanctissimus dei famulus Seuerinus de partibus orientis
adueniens in uicina Norici Ripensis et Pannoniorum paruo,
quod Asturis dicitur, oppido morabatur, ubi uiuens iuxta euan-
gelicam apostolicamque doctrinam, omni pietate et castitate
praeditus, in confessione catholicae fidei uenerabile propositum
sanctis operibus adimplebat. dum ergo talibus exercitiis robo- 2
ratus palmam supernae uocationis innocue sequeretur, quodam
die ad ecclesiam processit ex more. tunc presbyteris, clero
uel ciuibus requisitis coepit tota mentis humilitate praedicere,
ut hostium insidias imminentes orationibus et ieiuniis ac
misericordiae fructibus inhiberent. sed animi contumaces ac
desideriis carnalibus inclinati praedicentis oracula infidelitatis

2 Tempore] Tenpoe (r *supra*) *V* In tempore *L* (*cf. p. 4, 14*) unnôrum *L* hunorum *M* 3 ceteraque *CLV* cetera*** (que *ras.*) *G* danubii *codd. Casin. 144. 146* 4 ac primum—interitum *MNTV*: *om. CGL codd. Casin. 144. 145. 146* 5 exhorta *TV* 6 estimarunt *MN* 8 uicina *MNTV*: uicinia *CGL codd. Casin.* rupensis *L* Pannoniarum *mauult Sauppe;* Pannoni⟨ae superi⟩oris *fort.* 9 ubi *add. Sauppe*: *om. libri* 10 castitate et pietate *L* 11 ꝓditus *N* 12 exerciciis *M* roboraretur *M* 13 innocuę *G* quadam *CGLN* 14 eclesiam *L pr.* 15 cępit *CGMV codd. Casin.* cepit *L* 16 hostium] u *a m. 2, ut uidetur, T* propter hostium *L* ac ieiuniis et *CGL codd. Casin.* 17 inhiberent *CGMNTV*: inhęrerent *L* 18 inclinati] inquinati *CGL codd. Casin.* oraculi *N*

3 suae discrimine probauerunt. famulus autem dei reuersus ad
hospitium, quo ab ecclesiae fuerat custode susceptus, diem et
horam imminentis excidii prodens: 'de contumaci' ait 'oppido
et citius perituro festinus abscedo'. inde ad proximum, quod
4 Comagenis appellabatur, oppidum declinauit. hoc barbaro-
rum intrinsecus consistentium, qui cum Romanis foedus inierant,
custodia seruabatur artissima nullique ingrediendi aut egredi-
endi facilis licentia praestabatur. a quibus tamen famulus dei,
cum esset ignotus, nec interrogatus est nec repulsus. itaque
mox ingressus ecclesiam cunctos de salute propria desperantes
ieiunio et orationibus atque elemosynis hortabatur armari,
proponens antiquae salutis exempla, quibus diuina protectio
populum suum contra opinionem omnium mirabiliter liberasset.
5 cumque salutem omnium in ipso discriminis articulo promittenti
credere dubitarent, senex, qui dudum in Asturis tanti hospitis
susceptor exstiterat, uenit atque a portarum custodibus solli-
cita interrogatione discussus interitum sui oppidi habitu uerbo-
que monstrauit, adiciens eadem die, qua quidam homo dei
praedixerat, barbarorum uastatione deletum. quo audito solli-
citi responderunt: 'putas non ipse est, qui desperatis rebus dei
nobis subsidia pollicetur?' mox igitur in ecclesia recognito dei
famulo senex pedibus eius prostratus aiebat ipsius se meritis
liberatum, ne cum ceteris oppidaneis subiret excidium.

2 *ospitium (h *rasa*) *L* hospicium *MV* ęcclesię *GMV* 3 prodiens *L* 4 citius] cito (*sed* o *a m. 2 in ras. 3 litt.*; *post* t *dispicitur* i) *L* 5 comagênis *L*: commagenis *CGMNTV codd. Casin.* chumberhc comagenis *cod. Vind. 1064* 6 iniêrunt *L* 7 nullaque *L* 8 facilis] facile (*sed* e *a m. 2 in ras. 2 litt.*; *scriptum erat fortasse a m. 1* facilis) *L* facilius *Sauppe* 10 ęcclesiam *GLMNV* 11 ieiuniis *CG codd. Casin.* elemosinis *CMTV*² helemosinis *GLN* helemosynis *codd. Cas.* elemosinas *V*¹ 12 antiq› *LV* exemplū *L* 13 oppinionē *L* omnium] *om. L* 14 cunque *T* promittendi *N pr.* 15 tanti] *prior* t *in ras. T* 16 extiterat *CGLN V codd. Cas.* 18 aditiens *M* quidam *CGLN codd. Cas.*: quidem *MTV* 20 putas non (= ἆρ' οὐκ) *libri*; *cf. H. Roensch Ital. et Vulg.*² *p. 343*: putasne *Sauppe* disperatis *TV* 21 ęcclesia *TV* 22 eius] ei *N* 23 cęteris *LMV* opidaneis *TV* oppidanis *CGM codd. Cas.*

II. His auditis habitatores oppidi memorati incredulitati 1
ueniam postulantes monitis uiri dei sanctis operibus paruerunt
ieiuniisque dediti et in ecclesia per triduum congregati errata
praeterita castigabant gemitibus et lamentis. die autem tertio,
cum sacrificii uespertini sollemnitas impleretur, facto subito
terrae motu ita sunt barbari intrinsecus habitantes exterriti,
ut portas sibi Romanos cogerent aperire uelociter. exeuntes 2
igitur conciti diffugerunt, aestimantes se uicinorum hostium
obsidione uallatos, auctoque terrore diuinitus, noctis errore
confusi, mutuis se gladiis conciderunt. tali ergo aduersariis
internecione consumptis diuino plebs seruata praesidio per
sanctum uirum armis didicit pugnare caelestibus.

III. Eodem tempore ciuitatem nomine Fauianis saeua fames 1
oppresserat, cuius habitatores unicum sibi remedium affore
crediderunt, si ex supra dicto oppido Comagenis hominem dei
religiosis precibus inuitarent. quos ille ad se uenire praenoscens
a domino ut cum eis pergeret commonetur. quo cum uenisset,
coepit ciuibus suadere dicens: ‘paenitentiae fructibus poteritis 2
a tanta famis pernicie liberari’. qui cum talibus proficerent
institutis, beatissimus Seuerinus diuina reuelatione cognouit
quandam uiduam nomine Proculam fruges plurimas occultasse.
quam productam in medium arguit uehementer. ‘cur’ inquit
‘nobilissimis orta natalibus cupiditatis te praebes ancillam et

1 habi[ta]tores (ta *add. m. 2*) *M* habitatoribus *V* memorate *N pr.* incredulitatis *L* (*cf. p. 10, 19*) 2 sancti *L* 3 ęcclesia *GT V* congraegati *L* 4 tercio *M* tertia *L* 5 sollempnitas *GMV* solemnitas *N* 6 terre *GMNV* 7 sibi portas *M pr.* uelociter exeuntes. Igitur *MNTV* 8 estimantes *CGLMN* 9 auctoque] actoque *L* noctis] *om. N* 11 internecione *T* internicione *CGL* internitione *MN* internione *V* 13 Eodem] odem *V* fabianis *GL* seua *LMNV* famis *L* 14 oppręsserat *T* affore] fore *LM* 15 comagênis *L*: commagenis *CGMNTV* 16 reliosis *V* uenire] ire *in ras. T* 17 commonetur] ammoneretur *L* (re *del. m. 1*) 18 cępit *CGV* cepit *LN* su[a]dere *V* 19 pernitie *NV* pernitię *M* 20 beatus *L* releuatione *V* 23 ortā *MN*

extas auaritiae mancipium, quae est docente apostolo seruitus idolorum? ecce domino famulis suis misericordia consulente tu quid de male paratis facias non habebis, nisi forte frumenta dure negata in Danuuii fluenta proiciens humanitatem piscibus exhibeas, quam hominibus denegasti. quam ob rem subueni tibi potius quam pauperibus ex his quae adhuc te aestimas Christo esuriente reseruare’. quibus auditis magno mulier pauore perterrita coepit seruata libenter erogare pauperibus.
3 igitur non multo post rates plurimae de partibus Raetiarum mercibus onustae quam plurimis insperatae uidentur in litore Danuuii, quae multis diebus crassa Heni fluminis glacie fuerant colligatae: qua dei imperio mox soluta ciborum copias fame laborantibus detulerunt. tunc coeperunt omnes deum insperati remedii largitorem continuata deuotione laudare, qui se tabe diuturnae famis interire crediderant, fatentes euidentius rates extra tempus glaciali solutas frigore serui dei precibus aduenisse.

1 IIII. Per id tempus inopinata subreptione praedones barbari, quaecumque extra muros hominum pecudumque reppererant, duxere captiua. tunc plures e ciuibus ad uirum dei cum lacrimis confluentes inlatae calamitatis exitium retulerunt,
2 simul ostendentes indicia recentium rapinarum. ille uero

1 cf. Eph. 5, 5

1 que *M*   2 idolorum] dolo *in ras. G* ẏdolorum *L*   idolorum seruitus *M*   m͠ia (= misericordia) *MNTV*: misericorditer *CGL*   3 quid] qui *N*   malis *N*   paratis] partis *CG*[1]   fatias *M*   4 dure *NTV*: diu *CGLM*   denegata *CG*   5 subuenit *M*   6 estimas *CLMN*   7 seruare *CGL*   8 cępit *CGMV* cepit *L*   9 retiarum *CGLN* reciarum *MTV*   10 on'te *V* hunustę *M*   qua *N*   insperate *GLV*   lĩtore *T*   11 danubii *L*   crassa Heni] crassęni (ę *in ras. a m. 1*) *L*   crassa rheni *CG*   glatie *TV*   glacię *N*   12 qua] quę *L*   solutę *L*   cyborum *L*   copias fame] copiissime *N*   13 cęperunt *CGLMV*   insperate *L pr.*; *corr. m. 1*   14 continua *LM*   qui] quę *N*   15 diurnę *M*   credebant *CGL*   16 extra tempus] extra e tempus *M*   glatiali *TV*   aduenisset *M*   17 id *TV*: idem *CGLMN*   inoppinata *M*   surreptione (*prior* r *in ras. a m. 2 L*) *CGL*   18 quęcunque *T*   pecodumque *CGL*   precodumque *N*   repererant *supr. uers. add. L*[1]   reperærant *M*   20 illatę *CGL*   21 inditia *M*

Mamertinum percontatus est, tunc tribunum, qui post episcopus
ordinatus est, utrum aliquos secum haberet armatos, cum
quibus latrunculos sequeretur instantius. qui respondit: 'milites
quidem habeo paucissimos, sed non audeo cum tanta hostium
turba confligere. quod si tua ueneratio praecipit, quamuis
auxilium nobis desit armorum, credimus tamen tua nos fieri
oratione uictores'. dei famulus ait: 'etiam si inermes sunt tui 3
milites, nunc ex hostibus armabuntur: nec enim numerus aut
fortitudo humana requiritur, ubi propugnator deus per omnia
comprobatur. tantum in nomine domini perge uelociter, perge
fidenter: nam deo misericorditer praeeunte debilis quisque for-
tissimus apparebit: dominus pro uobis pugnabit et uos tacebitis.
uade ergo festinus, hoc unum ante omnia seruaturus, ut ad me,
quos ex barbaris ceperis, perducas incolumes'. exeuntes igitur 4
in secundo miliario super riuum, qui uocatur Ticuntia, prae-
dictos latrones inueniunt: quibus in fugam repente conuersis
arma omnium sustulerunt, ceteros uinctos ad dei famulum, ut
praeceperat, adduxerunt captiuos. quos absolutos uinculis,
cibo potuque refectos paucis alloquitur: 'ite et uestris renuntiate
complicibus, ne auiditate praedandi ultra huc audeant propin-
quare: nam et statim caelestis uindictae iudicio punientur,
deo pro suis famulis dimicante, quos ita consueuit superna
uirtute protegere, ut tela hostium non eis inferant uulnera,
sed arma potius subministrent'. dimissis itaque barbaris ipse 5
de Christi miraculis gratulatur, de cuius et miseratione pro-

1 percunctatus *M* 4 sed] et *CG* 5 pręcepit *V* 7 uictores] auctores *N* dei] et dei *CGL* in*ermes (h *rasa*) *L* inhermes *M* 10 pergo fidenter *CGMNTV*: *om.* *L* 11 nam *CGMNTV*: iā *L* prępheunte *G* 13 ad] a *V* 14 coeperis *T* cęperis *MV* incolomes *NTV* 15 ticuntia *NTV*: ticuncia *M* tyguntia *CG* tigantia *L* predictos L^1 16 inueniunt] inuenerunt *CGL* 17 cęteros *LMN* uinctos] uero uinctos *CGL* 18 praeceperat] p̄dixerat *L* adduxere *CGL* 19 denuntiate *CGL* 20 predandi L^1 huc] hunc G^1N 21 et *MTV*: *om.* *CGLN* uindicte *V* iuditio *M* 22 deo] ds̃ *V* 24 subministrent $LMNT^1$: sumministrent *CG* T^2V 25 gratu^{la}batur *M* de cuius — promittit] *om.* *M* miseratione] miratione *G*

mittit numquam illud oppidum hostium praedas ulterius experturum: ciues tantum ab opere dei nec prospera nec aduersa retraherent.

6 Deinde beatus Seuerinus in locum remotiorem secedens, qui
ad Vineas uocabatur, cellula parua contentus, ad praedictum
oppidum remeare diuina reuelatione compellitur, ita ut, quam-
uis eum quies cellulae delectaret, dei tamen iussis obtemperans
monasterium haud procul a ciuitate construeret, ubi plurimos
sancto coepit informare proposito, factis magis quam uerbis
7 instituens animas auditorum. ipse uero ad secretum habitacu-
lum, quod Burcum appellabatur ab accolis, uno a Fauianis
distans miliario, saepius secedebat, ut hominum declinata
frequentia, quae ad eum uenire consueuerat, oratione continua
deo proprius inhaereret. sed quanto solitudinem abditam in-
colere cupiebat, tanto crebris reuelationibus monebatur, ne
8 praesentiam suam populis negaret afflictis. proficiebat itaque
per singulos dies eius meritum crescebatque fama uirtutum,
quae longe lateque discurrens caelestis in eo gratiae signa
pandebat. nesciunt enim latere quae bona sunt, cum iuxta
sententiam saluatoris nec lucerna sub modio contegi nec in
9 monte posita ciuitas possit abscondi. inter cetera enim ma-

20 cf. Matth. 5, 14. 15

1 numquam *L* illũ *V* experturum] x *et* um *in ras. a m. 1 T* 4 in remotiore loco *M* secedens] recedens *CL* qui] quod *CG* 5 uineas (winberc) *cod. Vind. 1064 fol. 64*[r] contentus] c̄tēpt' *V* 6 ut] *om. L* 8 haud] (h)aud *T* haut *L*; *om. M* procul] *om. M* 9 cępit *CGL*[1]*MTV* 10 animas] animos *CG*; *om. L* auditorum] *om. L* secretiu *N* 11 burgum *CGL* apellatur (*sic*) *M* fabianis *GLNTV* fauianis (wiena) *cod. Vind. 1064* 12 sepius *GLNV* 14 proprius *Hartel* (*comparat. aduerb.* proprie *cl. Neue Lat. Formenl.*[2] *II 114*): propius *CGM* propitius *NTV* propitio *L* inhereret *CGNTV* sollicitudinem *N* abditam] *om. CGL* 15 crebrius *CG* relationibus *M* 16 presentiam *L* populis] popłſſ *M* denegaret *CGL* 17 meritum eius *G* 18 caelestis] cęlestis (qa *add. m. 2*) *L* gratiae] gr͠a *L* 20 lucernā *M* 21 monte] m̄te *V* ciuitas posita *M* caetera *GL*

gnalia, quae illi saluator indulserat, praecipuum abstinentiae
munus accipiens carnem suam plurimis subiugabat inediis,
docens corpus cibis abundantioribus enutritum animae interi-
tum protinus allaturum. calciamento nullo penitus utebatur: 10
ita media hieme, quae in illis regionibus saeuiore gelu tor-
pescit, nudis pedibus ambulare contentus singulare patientiae
dabat indicium. ad cuius immanitatem frigoris comprobandam
testem constat esse Danuuium, ita saepe glaciali nimietate
concretum, ut etiam plaustris solidum transitum subministret.
qui tamen talibus per dei gratiam uirtutibus sublimatus intima 11
humilitate fatebatur dicens: 'ne putetis mei meriti esse quod
cernitis: uestrae est potius salutis exemplum. cesset humana
temeritas, elationis supercilium comprimatur. ut aliquid boni
possimus, eligimur, dicente apostolo: q u i e l e g i t n o s a n t e
m u n d i c o n s t i t u t i o n e m, u t e s s e m u s s a n c t i e t i m m a-
c u l a t i i n c o n s p e c t u e i u s. orate immo pro me, ut non
ad condemnationis cumulum, sed ad iustificationis augmentum
saluatoris dona proficiant'. haec et his similia solebat proferre 12
cum fletibus, miro erudiens homines humilitatis exemplo, cuius
uirtutis fundamento munitus tanta diuini muneris claritate
fulgebat, ut ipsi quoque ecclesiae hostes haeretici reuerentissi-
mis eum officiis honorarent.

14 Eph. 1, 4

1 indulserat] intulerat *N* praecipuę *G* praecipue *C* 3 habundantioribus *MTV* 4 illaturum *N* caltiamento *T* penitus nullo *L* pęnitus *V* 5 medio hýeme *L* seuiore *GLNV* torpescit˜ (= torpescitur) *V* 6 ambulare] semper ambulare *CG* contēptus *L* pacientię *V* 7 ímanitatē *M* 8 danubium (tunowa) *cod. Vind. 1064* sepe *GLM* glatiali *TV* 9 sumministret *CGTV* 11 meriti* (s *rasa*) *G* 12 uestre *GV* 14 eligimur] eligimur (q̊ [= quo] *add. m. 2*) *L* eligere *M*[2] eligimur (?) *M*[1] 15 sancti] sci͠ci *V* inmaculati *MV* 16 immo] in me *L* 17 ad condemnatio (*L*[2] *in ras.*) nis cumulum sed ad (*add. L*[1] *in mg.*) iustific(ationis) *L*[2] *in ras.* condemnation**is *G* 18 dona] michi dona *CGL* profitiant *V pr.* 19 miro] mino *V* 20 funda(mento) *T* diuini (uini *a m. 2 in ras.*) *T* 21 ęcclę *GL*[1]*MTV* heretici *GMNTV*

1 V. Rugorum siquidem rex, nomine Flaccitheus, in ipsis
regni sui coepit nutare primordiis, habens Gothos ex inferiori
Pannonia uehementer infensos, quorum innumera multitudine
terrebatur. is ergo beatissimum Seuerinum in suis periculis
tamquam caeleste consulebat oraculum. ad quem, dum uehe-
mentius turbaretur, adueniens deflebat se a Gothorum principi-
bus ad Italiam transitum postulasse, a quibus se non dubitabat,
2 quia hoc ei denegatum fuerat, occidendum. tunc ergo a uiro
dei hoc responsum praedictus accepit: 'si nos una catholica
fides annecteret, magis me de uitae perpetuitate debuisti
consulere: sed quia de praesenti tantum salute sollicitus, quae
nobis est communis, interrogas, instruendus ausculta. Gothorum
nec copia nec aduersitate turbaberis, quia cito securus eis
discedentibus tu desiderata prosperitate regnabis: tantum ne
humilitatis meae monita praetermittas. non te itaque pigeat
pacem appetere etiam minimorum, numquam propriis uirtuti-
bus innitaris. maledictus, inquit scriptura, qui confidit
in homine et ponit carnem brachium suum et a
domino recedit cor eius. disce igitur insidias cauere,
3 non ponere: in lectulo quippe tuo pacifico fine transibis'. qui
dum tali animatus oraculo laetus abscederet, perlato sibi,
quod turba latronum aliquos captiuasset ex Rugis, uirum dei
misit protinus consulendum. qui sanctis eum mandatis, ne

17 Hier. 17, 5

1 rugorum (Rvcen *sup.*) *cod. Vind. 1064* flaccithęus *L* flacetheus *N* 2 cępit *CGL¹TV* cepit *N* inferiore *CGL* 3 infensos] infestos *L* 4 is] His *N* 5 celeste *L* cęlestę *N* 6 pricipibus (n *sup.*) *G* 7 postulasse] ꝑtulisse *N* 8 denegatum] delegatum *L* 9 accipit *N* 10 annecteret (n *prior sup. uers. a m. 2*) *L* adnecteret *M* me] ıme *V*; *om. CG* uite *V* perpetuitate *libri*: perpetuae (= aeternae) salute *uel* prosperitate *Hartel* 11 sollicitus quae nobis est] *om. V* 13 turbaberis *CGNTV*: turbaris *L* turberis *M* 14 desideratā prosperitatē *L* 15 pretermittas *L* 21 dum *MNTV* (*cf. Paucker Spicileg. add. lexic. lat. p. 67*): cum *CGL* sibi (sl *sup.*) *V* 22 latronum *MNTV*: latrocinantium barbarorum *CGL* uirum *CGLMNTV* (*cf. Lucif. p. 7, 15 ed. Hartel*): ad uirum *Sauppe ex codd. recc.* 23 misit] *om. M* prótinus] protinus adiit (adiit *a m. 2 in ras. 5 litt.*) *M*

praedones sequeretur, domino reuelante praemonuit dicens: 'si
eos secutus fueris, occideris. caue, ne amnem transeas et insi-
diis, quae tibi in tribus locis paratae sunt, improuida mente
succumbas: nam cito nuntius fidelis adueniet, qui te de his
omnibus efficiat certiorem'. tunc duo captiuorum ab ipsis 4
hostium sedibus fugientes ea per ordinem retulerunt, quae
beatissimus uir Christo sibi reuelante praedixerat. igitur fru-
stratis insidiis aduersantum Flaccitheus incrementis auctus
prosperioribus uitam rebus tranquillissimis terminauit.

VI. Post haec autem quidam Rugus genere per annos duo- 1
decim incredibili ossuum dolore contritus omni caruerat
incolumitate membrorum, cuius cruciatus intolerabilis circum-
quaque uicinis factus erat ipsa diuturnitate notissimus. itaque
nihil proficiente diuersitate remedii tandem uidua mater ad
sanctum uirum uehiculo filium deduxit impositum et ante
ianuam monasterii proiciens desperatum continuatis fletibus
reddi sibi unicum filium precabatur incolumem. sed uir dei 2
sentiens a se magna deposci fletu commotus aiebat: 'quid
opprimor opinione fallaci? cur aestimor posse quod nequeo?
non est uirtutis meae praestare tam grandia: consilium tamen
do tamquam misericordiam consecutus a deo'. tunc mandat
mulieri, ut pauperibus aliquid pro suis uiribus largiretur. illa
nihil morata uestem, quam induta fuerat, se uelociter exuens
egentibus diuidere properabat. quo audito uir dei feruorem 3
eius admirans iterum mandat, ut suis operiretur amictibus,

1 domino] *om. V* dicens] didicens *G*; *om. M* 2 insidiis] ī insidias *G*² *supr. uers.* 4 nuncius *V* tę *M* 5 effitiat *M* 7 sibi] *om. M* 8 aduersantium *CGLN* flaccithęus (ę *a m. 2*) *L* auctis *V* 9 uita *V* tranquilllissimis* *L* 11 ossuum *NTV* (*cf. Roensch Itala u. Vulg.*² *p. 265*): ossium *CGLM* 12 incolomitate *LMNTV* menbrorum *MN* crutiatus *TV* 14 nichil *CGLM*; *sic semper* profitiente *M* 15 filium] *add. M*² *supr. uers.* deduxit] dedexit *M*¹ adduxit *CG* 16 ***iânuam *L* 17 filium] *om. CG* incolomem *LNTV* incolumen *CG* 18 senciens *V* 19 estimor *CGLMN* 20 uirtutis] enim uirtutis *L* 21 tamquam—a deo *CGMNTV*: *om. L* 23 uestem quam *CGMNTV* (*cf. Hartel Ind. ad Cypr. p. 431*): ueste qua *L* 24 ęgentibus *L* 25 ammirans *L*¹*MNT*¹

dicens: ‘cum filius tuus tecum domino sanante perrexerit,
opere uota supplebis’. indicto igitur paucorum dierum de more
ieiunio, fusis ad deum precibus ilico sanauit infirmum atque
incolumem suis gressibus ambulantem remisit ad propria.
4 qui cum postea nundinis frequentibus interesset, stupendum
miraculum cunctis uidentibus exhibebat. nonnulli enim dicebant:
‘ecce ille, qui fuerat totius corporis putredine tabefactus’: aliis
autem, quod ipse esset, omnino negantibus grata contentio
5 nascebatur. ex illo igitur tempore, quo est reddita sanitas
desperato, uniuersa Rugorum gens ad dei famulum frequentans
coepit gratulationis obsequium reddere et opem suis postulare
langoribus. de aliis etiam gentibus, ad quas tanti miraculi
6 fama peruenerat, multi Christi militem uidere cupiebant. qua
deuotione etiam ante hoc factum quidam barbari, cum ad
Italiam pergerent, promerendae benedictionis ad eum intuitu
deuerterunt.

1 VII. Inter quos et Odoacar, qui postea regnauit Italiae,
uilissimo tunc habitu iuuenis statura procerus aduenerat. qui
dum se, ne humillimae tectum cellulae suo uertice contin-
geret, inclinasset, a uiro dei gloriosum se fore cognouit. cui

14—p. 23, 2 *exhibet* Anonymus Valesii §. 46 p. 291 ed. Gardth.

1 filius [tuus] *T* tecum] *in mg. add.* *M*[1] 3 sanabit *G*[1] 4 incolomem *LNV* incolumen *CGM* remisit] ire iussit *N* 6 exibebat *C* 9 quo] quod (d *ras.*) *G* ꝗ *N* sanitas reddita *N* 10 desperata *L* uniuersa rugorum] uniuersårum gothorum (a *del.*, o *add. m. 2*) *M* 11 cępit *CGL*[1]*V* 12 languoribus *CGLMNV* 13 Christi] xpiani *V* 14 quidam barbari—*p.* 23, 2 largiturus] *apud Anonymum Valesii §. 46 p. 291 sq. ed. Gardth.* 15 promerende *GV* 16 deuerterunt *CGMNTV Anon. cod. Meerm. et Palat.*: deuenerunt *L* 17 odoacar *MNTV*: odouacar *CG* odoâcer *L* oducar *Anon. cod. Meerm. m. 1* oduacar *m. 2* odoachar *Anon. cod. Pal.* 18 uillissimo *V* ulissimo *L* (i *add. m. 2*) tunc] *om. Anon.* 19 se, ne] *om. Anon.*; se (*om.* ne) *L* humillime *LN* humillimum tectum *Anon. cod. Pal.* humillimo tecte *Anon. cod. Meerm.* suo] eius suo (sua *Meerm.*) *Anon.* contingeret] ne contingeret *L* 20 inclinasset] et inclinasset se *Anon. cod. Pal.* se fore] esse forte *Anon. cod. Meerm.* ēē fore te *Anon. cod. Pal.*

etiam ualedicenti: 'uade' inquit 'ad Italiam, uade, uilissimis
nunc pellibus coopertus, sed multis cito plurima largiturus'.

VIII. Feletheus quoque rex, qui et Feba, memorati filius 1
Flaccithei, paternam secutus industriam sanctum uirum coepit
pro regni sui frequentare primordiis. hunc coniux feralis et
noxia, nomine Giso, semper a clementiae remediis reuocabat.
haec ergo inter cetera iniquitatis suae contagia etiam rebapti-
zare quondam est conata catholicos, sed, ob sancti reuerentiam
Seuerini non consentiente uiro, a sacrilega quantocius intentione
defecit. Romanos tamen duris condicionibus aggrauans quos- 2
dam etiam Danuuio iubebat abduci. nam cum quadam die in
proximo a Fauianis uico ueniens aliquos ad se transferri
Danuuio praecepisset, uilissimi scilicet ministerii seruitute
damnandos, dirigens ad eam uir dei ut eos dimitteret postu-
labat. uerum illa facibus feminei furoris exaestuans mandata
reportari iussit asperrima. 'ora' inquit 'tibi, serue dei, in tua
cellula delitescens: liceat nobis de seruis nostris ordinare
quod uolumus'. haec igitur audiens homo dei: 'confido' inquit 3
'in domino meo Iesu Christo, quia necessitate compelletur ex-
plere quod praua uoluntate despexit'. uelox itaque secuta
correptio prostrauit animos arrogantis. quosdam enim aurifices
barbaros pro fabricandis regalibus ornamentis clauserat arta
custodia. ad hos filius memorati regis admodum paruulus,

1 ualedicendi *L pr.* (*corr. m. 1 in mg.*) uadedicenti *G*[1] *Anon. cod. Meerm.* inquid *V Anon. codd. Meerm. et Pal.* uilis*imis (s *rasa*) *T* uilisimis *V* 2 cito] scito *L* plurimi *Anon. cod. Meerm.* 3 Felethêus (ę *a m. 2*) *L* Feua *CGL* filius] *om. L* 4 cępit *CL*[1]*MTV* cepit *GL eras.* 5 coniunx *CGL* (n *alteram add. L*[2] *supr. uers.*) 6 clementiae] dementię *V* reuocabat *MNTV*: retrahebat *CGL* 7 ergo] autem *M* cętera *G L* 8 quondam *MNTV*: quosdam *CGL* conata] contra *N* 9 seuærini *M* sagrilega *T* quantotius *LMTV* quātotius *N* 10 romanis *V* conditionibus *MNTV* 11 adduci *M* *post* abduci *spatium uacuum unius uersus et semis in L* 12 fabianis *GL* fauanis *N* 13 praecepisset] pręcessisset *L* (ę *a m. 2*) minist*rii (e *ras.*) *T* ministrii *V* 14 dānnandos (*corr. m. 1*) *L* dāpnandos *M* 16 serue dei] *om. M* 19 in] ī *add. G*[2] *in mg.* meo] *om. CGL* compelle*tur *T* compellitur *L* 22 pro] (= propter *cf. l. 5 et Ind. ad Vict. Vit. ed. Petsch.*) *om. L* 23 ammodum (d *corr. m. 2*) *LT* ammodum *N*

nomine Fredericus, eodem die, quo regina seruum dei con-
tempserat, puerili motu concitus introiuit. tunc aurifices infantis
pectori gladium imposuere dicentes, quod, si quis ad eos abs-
que iuramenti praesidio ingredi conaretur, paruulum regium
primitus transfigentes semet ipsos postea trucidarent, quippe
cum sibi nullam spem uitae promitterent, macerati diuturnis
4 ergastulis. his auditis regina crudelis et impia, uestibus dolore
conscissis, talia clamitabat: 'o serue domini, Seuerine, sic,
sic a deo tuo inlatae uindicantur iniuriae! hanc mei contemp-
tus ultionem effusis precibus postulasti, ut in mea uiscera
uindicares'! itaque multiplici contritione ac miserabili lamen-
tatione discurrens fatebatur se pro scelere contemptus, quod
in seruum dei commiserat, plagae praesentis ultione percelli
confestimque directis equitibus ueniam poscens et Romanos,
quos eodem die tulerat, pro quibus et rogantem contempserat,
retransmisit et aurifices accipientes protinus sacramentum ac
5 dimittentes infantulum pariter et ipsi dimissi sunt. his auditis
reuerentissimus Christi seruus gratias creatori referebat in-
mensas, qui ob hoc interdum differt uota poscentium, ut fide,
spe et caritate crescente, dum minora petitur, maiora concedat.
id namque egit omnipotentia saluatoris, ut, dum liberos saeua
mulier subicit seruituti, seruientes cogeretur reddere libertati.
6 quibus mirabiliter impetratis regina statim ad seruum dei
properans cum marito monstrat filium, quem fatebatur illius

2 concitis *T* 3 pectore LN^1 imposuere *Sauppe ex cod. Tegerns.*: posuere *CGLMNTV* 4 regi*um *T* 6 cum sibi] cum nichil sibi (nichil *del. m. 1*) *M* uitae] *om. CGL* promiterent *V* 8 seuerine *L* sic sic *MNTV*: sic *CG* sicut *L* 9 tuo] *om. N* illatę *CGLM* uindicabuntur *L* contemptus] obtentus *L* 13 dei] *om. M* presentis *L* 14 poscens *MNTV*: petitura *CGL* et *libri*: *om. Sauppe*; *iunge* et Romanos — et aurifices 18 reuerentissimus *libri* (*cf. Paucker Spicilegium add. lex. lat. p. 187 sq. et Neue Lat. Formenl. II 193*): reuerendissimus *Sauppe ex libris quibusdam recc.* xp̄i] Z x͠pi *G* immensas *CLN* 20 karitate *LN* minora petitur *CGMNTV*: miro patitur *L* 21 egit] *om. N* ^{omni}potentia *T* seua *GLNV* 24 monstrans *L*

orationibus de mortis confinio liberatum, promittentes se nequaquam ultra eius iussionibus obuiare.

VIIII. Magna quoque famulo dei prophetiae gratia praedito 1
in redimendis erat captiuis industria. studiosus etenim insiste-
bat barbarorum dicione uexatos genuinae restituere libertati.
interea cuidam cum coniuge liberisque redempto praecepit
transuadare Danuuium, ut hominem ignotum in nundinis
quaereret barbarorum, quem in tantum diuina reuelatione
didicerat, ut etiam signa staturae capillorumque colorem,
uultus eius ac uestis habitum indicaret et in qua parte nundi-
narum reperturus eum foret ostenderet, addens, ut, quicquid
ei reperta diceret persona, reuersus sibi maturius intimaret.
profectus itaque cuncta, sicut uir dei praedixerat, miratus 2
inuenit. is igitur ab eodem homine, quem repperisse se
mirabatur, interrogatus audiuit dicentem: 'putasne possum
inuenire hominem, qui me ad uirum dei, cuius ubique fama
diffunditur, qua uoluerit mercede perducat? diu est enim,
quod ipsos sanctos martyres, quorum reliquias fero, suppliciter
interpello, ut a tali ministerio tandem aliquando soluar indi-
gnus, quod huc usque non temeraria praesumptione, sed religiosa
necessitate sustinui'. tunc nuntius hominis dei eius se aspecti- 3
bus praesentauit reliquiasque sanctorum ab eo suscipiens uiro
dei detulit. qui debito sanctorum Geruasii et Protasii martyrum
reliquias honore suscipiens in basilica, quam in monasterio

1 promittentes *MNTV*: promittens *CGL* 3 Magna] *agna *V* 4 re^{di}mendis *M* industria] ex industria *L* studiosus. Etenim *GMNTV* Studiosius etenim *CL* 5 ditione *MNTV* genuine *V* 6 coniuge] cóniunge *L* 7 transuadare *CGMNTV* (*cf. Rönsch Ital. et Vulg.*[2] *p. 202*): transuadere *L pr.*, *corr. m. eadem* danubium *LN* 8 quereret *GMNV* diuinū *V pr.* 10 habitus *CGL* 11 forent *L* (n *expunxit m. 2*) quidquid *G* 12 ei] eū *N* 14 reperisse *CLNV* 18 martires *MV* 19 a tali ministerio tandem] *om. M* 20 huc] n̄c (= nunc) *N* 21 necessatate *L pr.*, *corr. m. 1* 22 presentauit *L* reliquiasque—detulit *M*: *om. CGLNTV* 23 martirum *MV*

construxerat, collocauit officio sacerdotum. quo loco martyrum congregauit sanctuaria plurimorum, quae tamen praeeunte semper reuelatione promeruit, sciens aduersarium saepe subripere sub nomine sanctitatis.

4 Episcopatus quoque honorem ut susciperet postulatus prae-
finita responsione conclusit, sufficere sibi dicens, quod solitudine
desiderata priuatus ad illam diuinitus uenisset prouinciam, ut
turbis tribulantium frequentibus interesset. daturus nihilominus
monachis formam sollicitius admonebat beatorum patrum
uestigiis inhaerere, quibus sanctae conuersationis adquireretur
instructio, adhibendamque operam, ne is, qui parentes reli-
quit et saeculum, pompae saecularis inlecebras retrorsum
aspiciendo cuperet, quas uitauerat, et ad hoc uxoris Loth
5 exemplum terribile proponebat. memorabat etiam timore
domini mortificanda esse incentiua libidinum nec aliter supe-
randa corporeae delectationis asserebat incendia, nisi fuissent
per dei gratiam lacrimarum fonte restincta.

1 X. Quidam uero, nomine Maurus, basilicae monasterii fuit aedituus, quem beatus Seuerinus redemerat de manibus barbarorum. huic quadam die praecepit dicens: 'caue, ne hodie digrediaris alicubi: alioquin ab imminenti periculo non cauebis'. hic ergo contra praeceptum tanti patris saecularis

1 collocauit *libri*: collocauit et sacrauit *Sauppe* martirum *MV* 2 plurim$\overset{o}{a}$rum (*corr. m. 1*) *M* preęunte *L* 3 subripere (*forma uulg. pro* subrepere; *cf. Eugipp. Excerpt. p. 51, 3, Ennod. ed. Hartel Ind. p. 651*) *L*[1]*NTV*: surripere *CGL*[2]*M* subrepere *edd. Welseri et Boll.* 7 prouintiam *MTV* 8 tribulantium *CL*[1]*NTV*: tribulancium *G* (bulancium *in ras.*) tribulantib; *L*[2] tribulationū *M* nichilominus *CGL* nichilhominus *M* 9 sollicitus *M* ammonebat *L*[1]*MNV* 10 inherere *GMNV* acquireretur *L*[1]*N* 11 is] his *MN* reliquit *CGLMN*: relinquit *TV* 12 pompae] pompe *GV* ⁊ pompe (⁊ *add. m. 2*) *L* illecebras *CGLMN* 13 aspiciendo *MNTV*: respiciendo *CGL* 14 memorabatur *L* 18 basilice *GV* fuit] *om. M* 19 redimerat *LNV* 20 quadam *CGLM*: quā̇dam *N* quidam *TV* die] *supr. uers. add. T*[2] praecepit *MNTV*[2]: pręcedit *V pr.* praecepit uir dei *CGL* 21 ab] *om. CGL* 22 cauebis *MNTV*: carebis *CGL* preceptum *L*

cuiusdam hominis persuasu meridie ad colligenda poma in
secundo a Fauianis miliario egressus mox a barbaris Danuuio
transuectus est cum suo persuasore captiuus. in illa hora uir 2
dei, dum in cellula legeret, clauso repente codice: 'Maurum'
ait 'cito requirite'. quo nusquam reperto ipse quantocius Histri
fluenta praetermeans latrones properanter insequitur, quos
uulgus scamaras appellabat. cuius uenerandam praesentiam non
ferentes supplices quos ceperant reddidere captiuos.

XI. Dum adhuc Norici Ripensis oppida superiora constarent 1
et paene nullum castellum barbarorum uitaret incursus, tam
celeberrima sancti Seuerini flagrabat opinio, ut certatim eum
ad se castella singula pro suis munitionibus inuitarent, credentes
quod eius praesentia nihil eis eueniret aduersi. quod
non sine nutu diuini muneris agebatur, ut omnes eius monitis
quasi caelestibus terrerentur oraculis exemploque illius bonis
operibus armarentur. in castellum quoque, cui erat Cucullis 2
uocabulum, deuotionibus accolarum uir sanctus aduenerat
euocatus, ubi factum grande miraculum nequeo reticere: quod
tamen Marciani, post presbyteri nostri, ciuis eiusdem loci,
stupenda relatione cognouimus. pars plebis in quodam loco
nefandis sacrificiis inhaerebat. quo sacrilegio comperto uir dei
multis plebem sermonibus adlocutus ieiunium triduanum per
presbyteros loci persuasit indici ac per singulas domos cereos
afferre praecepit, quos propria manu unusquisque parietibus

1 hominis cuiusdam *N* 2 fabianis *G* danubio *L* 4 in cellula *CGNT*: cellula (*om.* in) *L* in cella *MV* 5 nusquam] nūquā *N* quantotius *T* quātotius *LNV* hẏstri *CGM* 6 pretermeans *L* properantes *L* 7 scamaras *N* (*cf. Ind.*): se amaras *MTV* scameras *CGL* appellat *CG* 8 coeperant *T* cęperant *V* reddére *G* 9 Dum *LMT*: Cum *CGN* *um *V* 10 pene *GMNT* 11 fragrabat *L* oppinio *L pr.* 12 municionibus *GM* monitionibus *NTV* 13 eueniret *CGMNTV*: adueniret *L* 16 Cucullis] *om.* *N* 17 deuocionibus *GMV* 18 aduocatus *GÑ* 19 martiani *V* ciuis *CGL* (*sic*) *MTV*: ciues *N* 21 inherebat *GNV* 22 allocutus *CGLMN* 23 presbiteros *T* persuasi *V* cerreos *V* cęreos *L* 24 afferre *NTV*: afferi *CGL* afferi *M* pręcępit *L* manu unusquisque *MNTV*: manus quisque *L* manu (*om.* unusquisque) *CG*

3 affixit ecclesiae. tunc psalterio ex more decurso ad horam
sacrificii presbyteros et diaconos uir dei hortatus est tota
cordis alacritate secum communem dominum deprecari, quatenus
ad sacrilegos discernendos lumen suae cognitionis ostenderet.
itaque cum multa largissimis fletibus cum eis fixis genibus
precaretur, pars maxima cereorum, quos fideles attulerant,
subito est accensa diuinitus, reliqua uero eorum, qui prae-
dictis sacrilegiis infecti fuerant uolentesque latere negauerant,
4 inaccensa permansit. tunc ergo qui eos posuerant diuino
declarati examine, protinus exclamantes secreta pectoris sat-
actionibus prodiderunt et suorum testimonio cereorum mani-
5 festa confessione conuicti propria sacrilegia testabantur. o
clemens potentia creatoris cereos animosque flammantis! ac-
census est ignis in cereis et refulsit in sensibus: uisibilis lux
naturam cerae liquauit in flammas, at inuisibilis corda
fatentum soluebat in lacrimas. quis credat amplius eos quos
sacrilegus error inuoluerat postea claruisse bonis operibus,
quam eos, quorum cerei fuerant accensi diuinitus?

1 XII. Alio rursus tempore in finibus eiusdem castelli locustae,
frugum consumptrices, insederant copiosae, noxiis morsibus
cuncta uastantes. tali ergo peste perculsi mox presbyteri ceteri-
que mansores sanctum Seuerinum summis precibus adierunt
dicentes: 'ut tantae plagae auferatur atrocitas, orationum
tuarum experta suffragia postulamus, quae magno dudum

1 ęcclesię *GL^1MV* dec^{ur}urso *V* 2 presbiteros *T* diacones *LMN* ortatus *L^1V* ^{h}ortatus *L^2* exhortatus *M* 3 alacritate *C GMNTV*: claritate *L* comunem *TV* quatinus *CG* 4 sue *MV* 5 fletibus *libri* (*cf. Eugipp. Excc. p. 967, 17*): fletibus humi *Sauppe* 6 cęreorum *CL* 10 daclarati *V* acclamantes *N* satactionibus (=satagentes *i. e.* perturbati) *Hartel*: satisfactionibus *CLMNTV*: satisfaccionibus *G* suis actionibus *Sauppe* 11 cęreorum *L* manifesta *CGMNTV*: et manifesta *L* 13 clementis *N* cęreos *CGL* flammantes *N* 14 cęreis *CL* 15 cęrę *GL* cęre *C* liquauit *MNTV*: liquabat *CGL* 16 lacrimis *N* 17 sacrileg*s (v *add. m. 2*) *L* 18 cęrei *GL* 20 copiosę *CLTV*: copiose *GMN* 21 cęterique *CL* 22 sanctum] ad scm̃ *M* precipus *G pr.* ad ierunt *L^1* aũdierunt *N* 23 tante plage *V* tanta plagę *M*

miraculo in accensis caelitus cereis multum apud dominum
ualere conspeximus'. quos ipse religiosius allocutus: 'non 2
legistis' ait 'quid auctoritas diuina peccanti populo praeceperit
per prophetam: conuertimini ad me in toto corde
uestro, in ieiunio et in fletu, et post pauca: sancti-
ficate, inquit, ieiunium, uocate coetum, congregate
ecclesiam et cetera, quae secuntur? explete itaque dignis
operibus quae docetis, ut malitiam facile praesentis temporis
euadatis: nullus sane ad agrum exeat, quasi humana locustas
sollicitudine uetiturus, ne diuina amplius indignatio prouocetur'.
nec mora, omnibus in ecclesia congregatis unusquisque in 3
ordine suo psallebat ex more. omnis aetas et sexus, qui etiam
uoce non poterat, precem deo fletibus offerebat, elemosynae
fieri non cessabant, quicquid bonorum operum praesens necessi-
tas exigebat, sicut famulus dei praeceperat, implebatur. omnibus 4
igitur huiusce modi studiis occupatis quidam pauperrimus opus
dei coeptum deserens ad agrum propriae segetis inuisendae
causa, quae perparua inter aliorum sata iacebat, egressus est
totoque anxius die locustarum nubem impendentem qua potuit
exturbauit industria moxque ecclesiam communicaturus intrauit,
sed segetem eius exiguam, multis uicinorum circumdatam

4 Ioel 2, 12. 15 sq.

1 miraculis *N* caelitus] diuinitus *M* cęreis *CGL* aput *V* dominum] deum *N* 2 religiosus *M* 4 prophetam] prophetam dicens *M* 5 in fletu *TV*: fletu *CGLMN* 6 cętum *CLV* cetum *M* 7 ęcclesiam *GL*¹*V* cętera *CGL* secuntur *LMNT*¹: sequntur *GT*² sequuntur *CV* 8 docetis (*scil.* presbyteri) *libri*: docet *Sauppe* docet isto *olim proposui* 9 humanas *G* 11 ęcclesia *GLMV* 12 etas *MV* qui *MNTV*: quae *CGL* 13 uoce *CGLM*: uocē *NTV* flentib; *L pr.* elemosinę *GLT* ele^mo^sine *V* helemosine *N* hele Mosinę *M* 14 quidquid *GT pr.* operum] *om.* *M* presens *L* preces *N* 15 exigebat] exhibebat *M* 16 huiusscemodi *M* paupin' (= pauperinus) *M* 17 cęptum *NV* ceptum *LM* inuisendę *NT*: inuisende *V* inuisendi *CGLM* 18 que^i^ *M* iacebat] habebat *M* 19 totoque] totaque (?) *G* toto *M* anxios *N pr.* inpendentem *MV* impudentem *G* 20 ęcclesiam *GV* ęccła *L* 21 circumdata *V*

frugibus, locustarum densitas deuorauit. quibus ex ea nocte ab
illis finibus exterminatis imperio diuino probatum est, quanti
5 ualeat fidelis oratio. mane quippe sancti operis temerator atque
contemptor rursus ad agrum suum male securus egrediens eum
locustarum pernicie funditus inuenit abrosum et omnium circum-
quaque sationes integras: uehementer admirans ad castellum
luctuosa uociferatione reuertitur, cumque id quod acciderat indi-
casset, ad huiusce modi uidendum cuncti exiere miraculum: ubi
quasi ad lineam regularem contumacis hominis segetem locusta-
6 rum morsus ostenderant. tunc omnium uestigiis prouolutus inter-
cessionibus eorum delicti sui ueniam fusa lamentatione posce-
bat. ob quam rem monendi occasionem homo dei reperiens
docebat uniuersos, ut omnipotenti domino discerent oboedire,
cuius imperiis obtemperant et locustae. pauper uero praedictus
flebiliter allegabat posse se mandatis oboedire de cetero, si
7 ulla spes sibi, qua uiueret, remansisset. tunc ergo uir dei
ceteros allocutus: 'iustum est' inquit 'ut qui proprio supplicio
humilitatis uobis et oboedientiae dedit exemplum liberalitate
uestra anni praesentis alimenta percipiat'. collatione itaque
fidelium et correptus homo pauperrimus et ditatus didicit,
quantum dispendii incredulitas inferat, quantum beneficii suis
cultoribus conferat diuina largitio.

1 ex ea *Hartel*: ea *CGL* ex *MNTV* 2 imperi *N* quantum *M* 3 mane] mannę *L* atque contemptor *CGL* (*cf. p. 8, 15*): *om. MNTV* 4 rursū *MV* securus (r *in ras. a m. 1*; *scriptum erat* secutus) *L* 5 pernicie *CMNTV*: pernitie *N pr.* perniciḝ *G* sub pernicie *L* abrosum *GMNTV*: ambrosum *C* abrásum *L* 6 ammirans *L¹MNT¹* 7 luctuosa] lamentuosa *N* cunque *T* accederat *NT¹* 8 huiusscemodi *M* 9 segete *V* 10 ostenderant *CGLMTV* (*cf. Vict. Vit. ed. Petsch. p. 167*): extenderant *N* ostendebant *suspicatur Sauppe* 11 eorum] *om. M* 12 repperiens *L¹MTV* 13 omniptenti deo *M* obędire *CLV* obedire *G* 15 posse se *CGLT¹*: poſt ſe *T²* p' se *V* se posse *M* posse *N* non posse se *Sauppe* obędire *CLV* obedire *GM* cętero *GLM* 16 ulla *libri*: nulla *Sauppe* spes sibi *MNTV*: sibi spes *CGL* 17 cęteros *L* su*plicio *V* (p *eras.*) 18 obędientiae *CLV* obediencię *GM* 20 pauprrimus *V pr.* pauperimus *L* paupinus *M* 21 suis] sui (*post* i *spatium unius litt.*) *L* 22 largicio (largi *in ras. G*) *GM*

XIII. Item iuxta oppidum, quod Iuuao appellatur, cum
quadam die intrantes basilicam aestatis tempore sollemnitatem
uespere reddituri ad accendenda luminaria ignem minime
repperissent, flammam concussis ex more lapidibus elicere nequi-
uerunt, in tantum alterutra hac petrae conlisione tardantes,
ut tempus uespertinae sollemnitatis effluëret. at uir dei geni-
bus humi fixis orabat attentius. mox igitur in conspectu trium 2
spiritalium qui aderant tunc uirorum cereus, quem manu
idem sanctus Seuerinus tenebat, accensus est. quo lucente
sacrificio uespertini temporis ex more suppleto gratiae deo
referuntur in omnibus. quod factum licet memoratos, qui
huic interfuere miraculo, celare uoluerit sicut et multa magnalia,
quae per illum diuinis sunt effectibus celebrata, claritas tamen
tantae uirtutis occultari non potuit, sed ad magnam fidem
ceteros excellenter accendit.

XIIII. Accidit etiam eiusdem loci quandam mulierem 1
diutino langore uexatam iacere seminecem, exequiis iam paratis,
cuius proximi maesto silentio uoces funereas quodam fidei
clamore presserunt et ante ostium cellulae sancti uiri corpus
iam paene exanime deposuere languentis. uidens itaque homo 2
dei clausum aditum oppositione lectuli ait ad eos: 'quidnam

1 Item] *tem *V* Iuuao] iuuauo (falciburc) *cod. Vind. 1064* appellatur *MNTV*: appellabatur *CG* apellabatur *L* 2 sollempnitatem *LMNV* 3 uesperę *M* reddituri] dicturi *M* 4 reperissent *L* concussis *CGL*[2]: excussis *MNTV* concussit *L*[1] 5 hac petrae *MN*: ac petrę *T* ac petre *V* ferri ac petrę (trę *a m. 2 in ras. 5 litt. in L*) *CGL* collisione *CGLMN* 6 uespertine *MV* sollēpnitatis (p *del. m. 2 L*) *LV* 8 spiritalium *LMNTV*: spiritualium *CG* adherant *N* cęreus *CGL* manu] in manu *M* 10 uespertinis *N* gratie *V* dei *N* 11 refferuntur *L* memoratis *L*[2] 12 sicut et *MTV*: sic et *N* sicut *CGL* 13 cęlebrata *LM* 15 cęteros *GL* 16 *ccidit (a *om.*) *M* 17 diutino *MNTV*: diuturno *CGL* (*in ras. a m. 1 L*) langore *LMT*: languore *CGNV* paratis] patis *M* 18 mesto *CGLMN* funeratas *M* fidī *LM* 19 hostium *GLMNTV* cellule *V* 20 pene *GL*[1]*MNT* languentis (s *in ras. G*) *CGLM*: languentes *NTV* 21 oppositione *L*[2]*NTV*: opposicione *M* oppisitione *L*[1] appositione *CG*

est, quod facere uoluistis'? responderunt: 'ut oratione tua uitae reddatur exanimis'. tunc ipse lacrimabundus: 'quid' inquit 'a paruo magna deposcitis? agnosco me prorsus indignum. utinam merear ueniam pro meis inuenire peccatis!' et illi: 'credi-
3 mus' inquiunt 'quod, si oraueris, reuiuescet'. tunc sanctus Seuerinus fusis ilico lacrimis in oratione prostratus est et muliere protinus assurgente allocutus est eos: 'nolite quicquam horum meis operibus applicare: hanc enim gratiam fidei uestrae feruor emeruit, et hoc fit in multis locis et gentibus, ut cognoscatur, quod unus sit deus, faciens in caelo et in terra prodigia, excitans perditos in salutem et mortuos uitae restituens'. mulier uero sanitate recepta opus agrale die tertio iuxta morem prouinciae propriis coepit manibus exercere.

1 XV. Quintanis appellabatur secundarum municipium Raetiarum, super ripam Danuuii situm: huic ex alia parte paruus fluuius, cui Businca nomen est, propinquabat. is crebra inundatione Danuuii superfluentis excrescens nonnulla castelli spatia, quia in planum fundatum fuerat, occupabat. ecclesiam etiam loci eius mansores extra muros ex lignis habuere constructam, quae pendula extensione porrecta defixis in altum stipitibus sustentabatur et furculis, cui ad uicem soli tabularum

1 uite (i *a m. 2 in ras.*) *L* 2 quid inquit *CGL* (*cf. praef.*): quid *MNTV* 3 agnoscite *M* 4 inuenire pro meis *M* inuenire] *om. V* 5 quod si *CGMNTV*: ꝗ ſi ꝑ ea *L*² *in ras.* orauerint *N pr.* reuiuiscet *CGM* 7 eos *CGMNTV*: eos dicens *L* 9 feruor emeruit (or *a m. 2 in ras. L*) *CGLMNT*: feruore meruit *V* 10 agnoscatur *G* in cęlo et in terra faciens *GM* 11 uite *V* 12 recepta *MNTV*: percepta *CGL* opus] op'ꝰ *M* 13 cępit *CL* cepit *GMN* 14 quintaniſ (chunizen *supra*) *cod. Vind. 1064* *post* appellabatur *add. L*² *supr. uers.* locus secundarum] secundariū *N* fęcundarum (¸ *add. m. 2*) *L* municipiū (ū *a m. 2 in ras.*) *L* retiarum *CLNTV* reciarum *GM* 15 danubii *GL* sitū *L*¹ situ' (= situus) *L*² 16 busînca (nca *in ras. a m. 2*) *L* inca *M* bunsica (n *del. m. 2*) *N* *is (h *ras.*) *L* his *MNTV* 17 danubii *L* castella *L pr.* 18 planū *MNTV*: plano *CGL* ęcclesiam *LN* 19 eius loci *G* eiusdem loci *M* ex] et *G* 20 que *V* qui *N* porecta *V* 21 su*stentabatur (i, *ut uidetur, rasa*) *L* ad uicem] ad inuicem *N* soli* *L*

erat leuigata coniunctio, quam, quotiens ripas excessisset,
aqua superfluens occupabat. Quintanensium itaque fide sanctus 2
Seuerinus illuc fuerat inuitatus. ubi, cum tempore siccitatis
uenisset, interrogat, cur tabulata nudatis obstaculorum teg-
minibus apparerent. accolae responderunt, quod frequenti
fluminis alluuione quicquid fuisset superstratum continuo
laberetur. at ipse: 'sternatur' inquit 'super tabulata nunc in
Christi nomine pauimentum: iam uidebitis amodo fluuium
caelesti iussione prohibitum'. pauimento itaque perfecto ipse 3
subter naui descendens accepta securi postes facta oratione
percussit atque ad aquam fluminis uenerandae crucis expresso
signaculo dixit: 'non te sinit dominus meus Iesus Christus
hoc signum crucis excedere'. ex illo itaque tempore, cum ex 4
more fluuius creuisset in cumulos ambissetque uiciniam, quam
solebat, ita spatiis ecclesiae erat inferius, ut numquam sancti
patibuli signaculum, quod impresserat homo dei, prorsus
excederet.

XVI. Accidit autem, ut castelli presbyter memorati admodum 1
uenerabilis, Siluinus nomine, moreretur, et cum in ecclesia
feretro posito noctem psallentes duxissent ex more peruigilem,
iam clarescente diluculo rogauit uir dei fessos presbyteros et
diacones uniuersos parumper abscedere, ut post laborem uigili-
arum somno se aliquantulum recrearent. quibus egressis homo 2
dei ostiarium, Maternum nomine, interrogat, utrum omnes, ut

3 illic *M* sicci**tatis *L* 4 tabulate *L pr.* 5 apparent *M* accole *MV* 6 illuuione *MN* fuisset *CGLMN*: fuisse *TV* 7 inqd *V* super tabulata *CGMNTV*: tabulatis *L* 8 fluuium ammodo *M* 10 naui *CGLN*: nauim *MTV* postes (es *in ras. a m. 2*) *L* p'//////// hęc (*ante* hęc *scriptum fuisse uidetur* acta) *M* oratione] *om. M* 11 ad] *om. N* uenerande *GMNV* 14 comulos *V* cumolos *M, corr. m. 1* uicina *M* 15 ęcclesię *GLMV* ecłę *T* inferius *CGLMNTV*: inferior *Sauppe ex cod. D Monacensi*; inferi⟨or fluui⟩us *Hartel* 16 quod — excederet] *om.* L^1, *add. m. 2* homo dei impresserat *M* 18 ammodum L^1*MN TV* 19 moreretur (ore *in ras.*) *G* ęcclesia *G*L^1*NV* ecła *T* 20 nocte *N* ex more duxissent *M* 21 presbiteros *T* 22 uigil*arum *T* 23 aliquantum *N* 24 hostiarium *LMNTV*

dixerat, abscessissent. at illo respondente cunctos abisse: ‘nequaquam’ ait ‘sed latet hic quaedam’. tunc ianitor ecclesiae saepta secundo perlustrans nullum intra ea remansisse testatur. uerum Christi miles domino sibi reuelante: ‘nescio quis’ ait ‘hic delitescit’. tertio itaque diligentius perscrutans quandam inuenit uirginem consecratam locis se occultioribus abdidisse.
3 hanc ergo memoratus sic increpauit aedituus: ‘cur istic famulo dei posito tuam credideras posse latere praesentiam’? at illa: ‘pietatis’ inquit ‘amor talia me facere persuasit: uidens enim cunctos foras expelli cogitaui mecum, quod seruus Christi inuocata diuina maiestate praesentem mortuum suscitaret’.
4 exeunte igitur memorata uirgine homo dei cum presbytero et diacono ianitoribusque duobus in oratione curuatus orauit fletu largissimo, ut opus solitae maiestatis superna uirtus ostenderet. tunc orationem complente presbytero ita cadauer uir beatus alloquitur: ‘in nomine domini nostri Iesu Christi, sancte
5 presbyter Siluine, loquere cum fratribus tuis’. at ubi oculos defunctus aperuit, uix praesentibus homo dei tacere prae gaudio persuasit. et denuo ad eum: ‘uis’ inquit ‘rogemus dominum, ut te adhuc seruis suis in hac uita condonare dignetur’? at ille ait: ‘per dominum te coniuro, ne hic diutius tenear et
6 frauder quiete perpetua, in qua me esse cernebam’. statimque reddita oratione quieuit exanimis. hoc autem factum ita sancti Seuerini adiuratione celatum est, ut ante mortem eius non potuisset agnosci: ego tamen haec quae retuli Marci

1 dixerat *CGMNTV*: dixerant *L* illo] o *ex* e *corr.* *L*^{2} 2 ęcclesię *GL*^{1}*V* 3 septa *libri* 4 miles *CGLMNT*: milites *V* sibi *CGMNTV*: *om.* *L* 7 ergo] igitur *G* edituus *GMNTV* istic *CGMNTV*: istîus *L* 8 credideras *MNTV*: credideris *CGL* posse *MNTV*: potuisse *CGL* 9 pietas *V* 10 expelli foras *M* 11 presentem *LM* *post* suscitaret *spatium uacuum duorum fere uersuum in L* 13 diacone *L* orauit] postulauit *G* 14 solite *G* solit$\overset{e}{\dot{o}}$ *M*, *corr. m. 1* 15 oratione *C* 16 sanctę *T* 17 ubi] *add.* *G*^{1} *in mg.* 18 defunctos *N* apperuit *N*, *corr. m. 1* prae gaudio tacere *M* 19 rogemus *CGMNTV*: ut rogemus *L* dominum] deum *M* 24 adiuratione] diuratione *L* cęlatum *GLM* est] *om.* *N* 25 que *V*

subdiaconi et Materni ianitoris relatione cognoui. nam presbyter et diaconus, tanti testes miraculi, ante uirum sanctum, cui iurauerant nulli se quod uiderant prodituros, obisse noscuntur.

XVII. Talibus igitur beatus Seuerinus per Christi gratiam 1
muneribus opulentus captiuorum etiam egenorumque tantam
curam ingenita sibi pietate susceperat, ut paene omnes per
uniuersa oppida uel castella pauperes ipsius industria pasce-
rentur: quibus tam laeta sollicitudine ministrabat, ut tunc se
crederet tantummodo saturari uel abundare bonis omnibus,
quando uidebat egentum corpora sustentari. et cum heb- 2
domadarum continuatis ieiuniis minime frangeretur, tamen
esurie miserorum se credebat afflictum. cuius largitionem tam
piam in pauperes plurimi contemplantes, quamuis ex duro
barbarorum imperio famis angustias sustinerent, deuotissime
frugum suarum decimas pauperibus impendebant. quod man-
datum licet cunctis ex lege notissimum, tamen quasi ex ore
angeli praesentis audirent, grata deuotione seruabant.

Frigus quoque uir dei tantum in nuditate pauperum sentiebat, 3
siquidem specialiter a deo perceperat, ut in frigidissima regione,
mirabili abstinentia castigatus, fortis et alacer maneret. pro 4
decimis autem, ut diximus, dandis, quibus pauperes alerentur,
Norici quoque populos missis exhortabatur epistolis. ex qua
consuetudine cum ad eum nonnullam erogandarum uestium
copiam direxissent, interrogauit eos qui uenerant, si ex oppido

1 subdiaconi *CGL*: diaconi *MNTV* materni *CGL*: martini *MNTV* ianitoris] genitoris *N* 2 sanctum uirum *M* 4 beatissimus *M* 6 ingenitā *V* poene *TV* pene *GL*[1]*MN* 9 saturari] saluari *M* habundare *TV* habundari *M* omib; *V* 10 egentum *CGLNTV*: egenoium *M* substentari *N* cum *L MNTV*: cum ipse *CG* ebdomadarum *CLMNT* epdomadarum *G* edomadarum *V* 12 largiọtionem (*corr. m. 1*) *L* largitiorem *N* largiciorem *G* 14 imperio] *om. M* angustias *NTV*: angustiam *CGL* inopias angustias *M* 15 frugum] tamen frugum *CG* inpendebant *MNV* 16 notissimum] notissimum sit *CG* 17 praesentis] *om. M* 19 spetialiter *TV* a deo specialiter *M* acceperat *M* 20 maneret *MNTV*: permaneret *CGL* 22 exortabatur *L*[1]*V* 23 nonnullam *CGLN*: nonnulli *M* 24 copia *TV*

quoque Tigurniae similis collatio mitteretur. respondentibus etiam inde protinus affuturos uir dei nequaquam eos uenire signauit, sed dilatam eorum oblationem praedixit barbaris offerendam. itaque non multum post ciues Tigurniae uario cum obsidentibus Gothis certamine dimicantes uix initi foederis pactione inter cetera etiam largitionem iam in unum collatam, quam mittere famulo dei distulerant, hostibus obtulerunt.

1 XVIII. Ciues quoque ex oppido Lauriaco crebra quondam
sancti Seuerini exhortatione commoniti frugum decimas pauperi-
bus offerre distulerant. quibus fame constrictis iam maturitate
messium flauescente uicina subsidia monstrabantur. at ubi
rubiginis inprouisae corruptio frugibus nocitura comparuit,
mox ad ipsum conuenere prostrati, poenas suae contumaciae
2 confitentes. miles uero Christi fessos uerbis spiritalibus alle-
uabat dicens: 'si decimas obtulissetis pauperibus, non solum
aeterna mercede frueremini, uerum etiam commodis possetis
abundare praesentibus. sed quia culpam confessione propria
castigatis, de domini pietate polliceor, quod rubigo praesens
tam ualida penitus non nocebit: tantum fides uestra ulterius
non uacillet'. uerum ciues ad persoluendas ex illo decimas

1 (*et* 4) tigurnię *NT*: tigurnie *V* tugurnię *M* tiburnię *CG* tiburtinie (ti *expunxit m. 2*) *L* collatio] collocatio *N* 4 offerandam *L* multum *MNTV*: multo *CGL* (*in ras. a m. 1 L*) uario—certamine] *om. L* 5 obsidentibus Gothis *CGNTV*: hostibus *M* initi *L MNTV*: inita *CG* fęderis *CGL*[2] federis *L*[1]*M* 6 pactionem *N TV* cętera *GL* largitionem] largionē *V* unum] uliū *V* collata *L* collectam *N* 7 dei] *om. N* optulerunt *CLM* 8 ciues] u *in ras. a m. 2 C* lauriaco (lorach *supra*) *cod. Vind. 1064* 9 exortatione *V* 11 flauente *M* 12 inprouisę *MTV*: improuisę *CG* improuisa *L* inprouiso *N* conparuit *V* 13 conuenire *L*[2] pęnas *CG* penas *LMN* contumatie *V* 14 spiritalibus *NTV*: spiritualibus *CGM* spiritalibus *L* 15 decimis (a *supra*) *N*, *corr. m. 2* optulissetis *LM* 16 eterna *V* fruemini (re *supra*) *L*; re *add. m. 2* etiam] *om. M* 17 habundare *L*[1]*MTV* set *V pr.* propia *V* 18 presens *LV* pręsentis *N* 19 pęnitus *CL* (ę *a m. 2 L*) 20 illo decimas *CGMNTV*: illo decimas die *L*

haec promissio reddidit promptiores. tunc, ut solebat, hortatus est indici ieiunium: quo expleto placidus imber desperatae messis amputauit incommoda.

XVIIII. Batauis appellatur oppidum inter utraque flumina, 1
Henum uidelicet atque Danuuium, constitutum, ubi beatus
Seuerinus cellulam paucis monachis solito more fundauerat,
eo quod ipse illuc saepius rogatus a ciuibus adueniret, maxime
propter Alamannorum incursus assiduos, quorum rex Gibuldus
summa eum reuerentia diligebat. qui etiam quodam tempore 2
ad eum uidendum desideranter occurrit. cui sanctus obuiam,
ne aduentu suo eandem ciuitatem praegrauaret, egressus est,
tantaque constantia regem est allocutus, ut tremere coram eo
uehementius coeperit, secedensque suis exercitibus indicauit
numquam se nec in re bellica nec aliqua formidine tanto
fuisse tremore concussum. cumque dei famulo daret optionem 3
imperandi quae uellet, rogauit doctor piissimus, ut sibi potius
praestaturus gentem suam a Romana uastatione cohiberet et
captiuos, quos sui tenuerant, gratanter absolueret. tunc rex
constituit, ut ex suis aliquem dirigeret ad id opus maturius
exsequendum, statimque missus Amantius diaconus e uestigio
regem subsequitur eiusque prae foribus excubans multis diebus
non potuit nuntiari. cui re, pro qua directus fuerat, non per- 4

1 haec] hec *V*, *om. L* rededit *M* prompciores *G* ꝑmtiores *V* ꝑmciores *M* ^h^ortatus *N* 2 ymber *MN* desperate *V* 3 incomoda *M* 4 atauis *V* Beatauis *N* Patauis (Baſhŏwa) *cod. Vind. 1064* 5 henum *NTV*: hęnum *M* renum *L* rhenum *CG* danubium *L* 7 sepius *M V* a] ad *V* 10 desideranter] et desiderandū *M* 11 aduentu *CGMNTV*: adtentu *L*¹ attentu *L*² pregauaret *CV* 12 regem constancia allocutus est *M* eo] *L*, o *a m. 2 in ras.* 13 cęperit *CG* ceperit *LM* 14 nunquam se nec *CGNTV*: nūquā semet *L* se nūquā nec *M* 15 fuisse tremore *CGMNTV*: tremore fuisse *L* concussus *N* cunque *T* famulū *V* 16 impetrandi *GM* que *V* 17 prestaturus *CL*¹ 18 absoluerent *LV*¹ 19 dirigeret (ret *in ras. a m. 2*) *L* id *CGMNTV*: *om. L* 20 exequendum *CGMN* 21 prae *MNT*: pro *CG LV* excubantis *N* 22 nontiari *V* re pro qua *Bollandus*: pro re qua *libri*

acta tristissimo reuertenti apparuit quidam, effigiem sancti praeferens Seuerini, qui eum minaci compellatione perterritum sequi se iussit. cumque pauens et concitus sequeretur, peruenit ad ianuam regis statimque dux ille praeuius ex oculis mirantis euanuit. uerum regis internuntius diaconum unde esset uel quid speraret interrogat. ille rem breuiter insinuans
5 oblatis regi receptisque remeauit epistolis. dimissus igitur reuexit fere septuaginta captiuos, insuper promissionem regis gratam deferens, qua se spopondit, cum diligenter prouinciam peragrauerit, remissurum quantos in eadem reperturus fuisset numeros captiuorum. pro qua re sanctus Lucillus presbyter postmodum destinatus magnam miserorum copiam ex captiuitate reuocauit.

1 XX. Per id temporis, quo Romanum constabat imperium, multorum milites oppidorum pro custodia limitis publicis stipendiis alebantur. qua consuetudine desinente simul militares turmae sunt deletae, cum limite Batauino utcumque numero perdurante: ex quo perrexerant quidam ad Italiam extremum stipendium commilitonibus allaturi, quos in itinere
2 peremptos a barbaris nullus agnouerat. quadam ergo die, dum in sua cellula sanctus Seuerinus legeret, subito clauso codice cum magno coepit lacrimare suspirio, astantes iubens ad fluuium

3 Cunque *T* conciti' (= concitius) *V* 4 statimque] stātīq; *M* 5 mirantib; *L* diaconum *MNT*: diacon' (= diaconus) *V* diaconem *CGL* 6 uel] et *N* 7 regi] regis L^1N^1TV receptisque] p̄ceptisque *N* 9 gram͠ (= gratiam) *N* se spopondit *MNTV*: spopondit se *CGL* prouintiam N^1TV 10 quantos *MNTV*: quantus CGL^2 quantas L^1 reperturus *MTV*: repertus *CGLN* 11 numeros *MNTV*: numerus *CGL* postmodum sc̃s lucillus presbyter *CGL* 12 ex *MNTV*: a *CGL* 14 Per] er *V* id temporis *MNTV*: idem tempus *CGL* 15 puplicis *TV* 17 turme *V* delêtae *L* delate *V pr., corr. m. 1*; delatę *M*, *quod mauult Hartelius* cum] simul cum *M* limite] lim *a m. 2 in ras. L* batabîno *L* *utcumque *L* uno ut cūque *M* 18 quidam *CGMNTV*: quidē *L* 20 peremtos (p *suprascr.*) *N* barbarbaris *M* quādā *V* 21 sua] *om. N* sc̃s seuerinus legeret *MNTV*: sc̃s legeret seuerinus *CGL* 22 cępit CGL^1 cepit *MN* lacrimari *C*(?) *L* iubens *MNTV*: iubet *CGL*

properanter excurrere, quem in illa hora humano firmabat
cruore respergi, statimque nuntiatum est corpora praefatorum
militum fluminis impetu ad terram fuisse delatą.

XXI. Paulinus quidam presbyter ad sanctum Seuerinum 1
fama eius latius excurrente peruenerat. hic in consortio beati
uiri diebus aliquot remoratus, cum redire uellet, audiuit ab
eo: 'festina, uenerabilis presbyter, quia cito dilectionem tuam,
populorum desideriis, ut credimus, obluctantem, dignitas epi-
scopatus ornabit'. moxque, remeante ad patriam, sermo in eo 2
praedicentis impletus est. nam ciues Tigurniae, quae est me-
tropolis Norici, elegerunt praedictum uirum summi sacerdotii
suscipere principatum.

XXII. Basilicae extra muros oppidi Batauini in loco nomine 1
Boiotro trans Henum fluuium constitutae, ubi cellulam paucis
monachis ipse construxerat, martyrum reliquiae quaerebantur.
ingerentibus ergo se presbyteris, ut mitterentur ad sanctuaria
deferenda, haec beatus Seuerinus monita proferebat: 'quamuis
cuncta mortalium opere constructa praetereant, haec tamen
aedificia prae ceteris celerrime relinquenda sunt': et ideo pro
reliquiis sanctorum nullum laborem debere suscipere, quia et
ultro eis sancti Iohannis benedictio deferretur. interea beatum 2

1 quem] qa (*sed* q *tantum est a m. 1*) *L* humano *CGL*^{1}*MNT V*: humanum *L*^{2} affirmabat *M* 2 cruorē (*uirgulam add. m. 2*) *L* 5 latius *MNTV*: *om. CGL* 6 diebus *CGL*^{2}*MNTV*: dies *L*^{1} demoratus *M* 7 tuam] *om. N* 8 abluctantem *G* 9 ornabit] ornarnabit *V* ornauit *L*^{1} ordinabit *G* remeantē *GN* eo *MNTV*: eum *CGL* 10 tigurnię *NT*: tigurnie *V* tugurnię *M* tiburnię *CG* tiburtinię *L* que *V* 11 elegerunt *MNTV*: coegerunt *CGL* sacerdotii] sacerdotis *MN* 13 asilice *V* 14 boiotro *CGL*: boiothro *N* baiothro *M* biothro *TV* henum fluuium *NTV*: haênū fluuium *L* rhenum (rehenum *C*) fluuium *CG* fluuium henum *M* constitute *GV* 15 martirum *V* reliquie *V* querebantur *GMV* querebat *N*, *corr. m. rec.* 17 hec *V* proferebat *MTV*: pręferebat *CGL* pręferebant *N*, n *del. m. rec.* 19 edificia *GV* cęteris *L* cęlerrime *L* et ideo *CGMNTV*: Video *L* 20 debere (*sc.* eos) *CGMNTV*: deberi *L* debetis *Sauppe* et ultro *MN*^{1}*TV*: ultro *CGL* 21 iohis (= iohannis) *LM* bēnedictio (*sic*) *V* benendictio *M* deferretur *CMTV* (*cf. Ind.*): defferretur (*prior* f *eras.*) *G* deferetur *LN*

uirum ciues oppidi memorati suppliciter adierunt, ut pergens
ad Febanem, Rugorum principem, mercandi eis licentiam
postularet. quibus ipse: 'tempus' inquit 'huius oppidi propin-
quauit, ut desertum, sicut cetera superiora castella cultore
destituta, remaneat. quid ergo necesse est locis mercimonia
3 prouidere, ubi ultra non poterit apparere mercator?' respon-
dentibus illis non se debere contemni, sed consueto subleuari
regimine quidam presbyter haec diabolico spiritu repletus
adiecit: 'perge, quaeso, sancte, perge uelociter, ut tuo discessu
parumper a ieiuniis et uigiliis quiescamus'. quo dicto uir dei
lacrimis urguebatur ingentibus, quod in ridiculam uanitatem
cunctis audientibus sacerdos eruperit. aperta namque scurrilitas
latentium est testificatio delictorum. sanctus itaque uir cur
ita fleret interrogatus a fratribus: 'uideo' inquit 'plagam
grauissimam nobis absentibus huic loco protinus euenturam,
et Christi sacraria, quod non sine gemitu cogor exprimere,
humano sanguine redundabunt in tantum, ut etiam locus iste
4 uiolandus sit'. nam in baptisterio loquebatur. ad antiquum
itaque et omnibus maius monasterium suum iuxta muros
oppidi Fauianis, quod centum et ultra milibus aberat, Danuuii
nauigatione descendit. mox igitur eo descendente Hunumundus
paucis barbaris comitatus oppidum, ut sanctus praedixerat,

2 febanem *MTV* (*cf. Ind.*): febanum *CGL*²*N* fabianum *L*¹ 3 inqđ *V* propinquauit *libri* (*cf. Luc. 21, 8; Rom. 13, 12*): propinquabit *suspicatur Hartel* 4 cętera *L* 5 destituta *MNTV*: destituto *CG L* loci *G* 6 p̄uidere *N* 7 illis] eis *M* contempni *GLM NTV* 8 hec *V* repletus] plenus *M* 9 queso perge *G* queso *NTV* sc̄ę *L*¹*V* pergę *M* disscessu *V* 10 dicto] audito *M* 11 lacrimis] ȧ lacrimis (a *del. m. 1*) *L* urge-batur *CGLN* in ridiculam] irridiculam *N* uani^{ta}tem *M*, *corr. m. 1* 12 erupit *G* aperta—delictorum] *om. M* nanque *C* scurilitas *NTV* 14 uide° inqd *V* 16 et *CGMTV*: ex *N* ut *L* non sine *CGMTV*: sine *LN* 19 suum] *om. M* 20 fabianis *GL* danubii *L* 21 descendente *LMNTV*: discedente *CG* hunumundus *CGL*¹*NTV*: huni*mundus *L*² hodemundus *M* *post* hunumundus *spatium uacuum 6 litt. in L* 22 comi'-tatus *L*

Batauis inuasit ac paene cunctis mansoribus in messe detentis
quadraginta uiros oppidi, qui ad custodiam remanserant, inter-
emit. presbyterum quoque illum, qui tam sacrilega contra 5
famulum Christi in baptisterio fuerat elocutus, ad eundem
locum confugientem insequentes barbari peremerunt. frustra
enim illuc offenso deo ueritatis inimicus accessit, ubi tam
imprudenter excesserat.

XXIII. Igitur sanctissimus Seuerinus, dum in monasterio 1
Fauianis euangelium legeret, oratione suppleta consurgens
scafam sibi iubet ilico praeparari et mirantibus ait: 'sit nomen
domini benedictum: sanctuariis beatorum martyrum nos oportet
occurrere'. nec mora: transmeato Danuuio inueniunt hominem
considentem in ripa ulteriore fluminis ac multis eos precibus
postulantem, ut ad seruum dei, ad quem fama uulgante olim
uenire cuperet, duceretur. mox itaque ei Christi famulo de- 2
monstrato suppliciter sancti Iohannis Baptistae reliquias optulit
multis apud se seruatas temporibus. quas dei seruus debita
ueneratione suscipiens in basilicam sancti Iohannis, sicut prae-
dixerat, ultronea benedictione collatas sacrauit officio sacerdotum.

XXIIII. Ad habitatores praeterea oppidi, quod Iobiaco
uocabatur, uiginti et amplius a Batauis milibus disparatum, 1

1 pene *GL*^{1}*MN* poene *V* 3 presbiterum *CGV* sacrilegam *C*^{1} *N* contra] *add.* *T*^{1} *s. l.* 4 x̃pi famulum *M* locutus *N* 5 confugientes *G pr.* 6 offenso deo] offendō *V* 7 imprudenter *LMTV*: impudenter *CGN* 8 sanctissimus *CGNT*: sanctisimus *M* sanctus *LV* im monasterio *N* 9 fabianis *G* 10 scafam *CG MNTV*: scâphā *L* sibi] ˢibi (s *add. m. 2*) *L* ilico ^sibi^ pręparari iubet *M* 12 occurere *M* danubio *L* 13 consedentem *CG* confidentem *V* ulteriore *CGMNTV*: ulteriori *L* (ori *in ras. a m. 2*) ″ulteriori ″in ripa *L* multis eos *CGLNTV*: multos eorum *M* 14 quem] quā *V* 16 baptiste *CGMV* optulit *LMTV*: obtulit *CGN* 17 seruataˢ (s *add. m. 2*) *T* seruata *N* 18 in basilicam *Sauppe*: basilicam *CGLMT* basilica *NV* 19 collatas *Sauppe*: collata *CGLNTV* collocata *M* offitio *V* 20 Ad] d *V* iobiaco *CMNTV*: iouiâco *L* iobiano *G* 21 uocabatur *LMN TV*: uocatur *CG* amplius] eo amplius *M* bâtabis *L pr.* disparatu *N*

solita uir dei reuelatione commonitus Moderatum nomine,
cantorem ecclesiae, destinauit praecipiens, ut habitationem
loci illius omnes sine cunctatione relinquerent: mox enim
2 perituros fore, si contemnerent imperata. aliis ergo de tanto
nuntio dubitantibus, aliis prorsus non credentibus iterum misit
Quintasium quendam, cui et inlacrimans ait: 'perge uelocius,
denuntians eis, si hac ibidem nocte manserint, sine dubitatione
capientur'. sanctum quoque Maximinum, spiritalis uitae presby-
terum, instantius imperat admonere, ut saltem ipse contemptori-
bus derelictis properaret caelesti misericordia liberari: de quo
sibi dei famulus magnam dicebat inesse maestitiam, ne forte
salutiferum differendo mandatum imminenti subiaceret exitio.
3 praedictus itaque pergens imperata suppleuit, sed presbytero
et reliquis incredulitate nutantibus nuntius uiri dei presbytero
retinenti se atque hospitalitatis gratiam praebere cupienti
nullatenus adquieuit. qua nocte Heruli insperate protinus
irruentes oppidumque uexantes plurimos duxere captiuos, presby-
terum memoratum patibulo suspendentes. quo audito seruus
dei grauiter doluit praemonitos non curasse.

1 XXV. Deinde quidam de Norico, Maximus nomine, ad seruum
dei frequentare solitus cum uenisset et pro familiaritate, quam

2 ęcclesię *GMV* destinabit *L* 3 enim] *om. M* 4 forent *N* contempnerent *GL*[1]*MV* te[a]nto (*corr. m. 1*) *V* 5 nuntio *NTV*: nuncio *M* praesagio *CGL* 6 inlacrimans *MNTV*: illacrimans *CG* **lacrimans *L* (il, *ut uidetur, erasum*) 7 denuncians *GMV* denuntians ait (ait *del. m. 1*) *L* dubitatione *NT*: dubitacione *V* dubio *M* dilatione *CL* dilacione *G* 8 maximinum *NTV*: maximianum *CGL* maximum *M* spiritualis *CGLM* uite *GV* 9 instancius *GMV* ammonere *MN* ammonêri *L*[1] admoneri *CG L*[2] saltim *N* 11 mestitiam *CLN* mesticiam *G* tristiciam *M* 12 exitio] excidio *M* 13 sed presbytero *MTV*: *om. CGL N* 14 nunti[v]is (*v a m. 2*) *L* uiri *CGMN*: uero uiri (*corr. m. 1*) *T* ui[v]ri (*v a m. 2*) *L* 15 retinendi *M* hopitalitatis *N* 16 acquieuit *L*[1]*N* insperatę *M* imperante *G* 17 uexantes *MNTV*: uastantes *CGL* 18 suspe[den]ntes (den *add. m. 2*) *M* 19 praemonitos *MTV*: pręmunitos *N* pręmonitus *L* pręmonitum *CG* 20 Deinde] einde *V*

meruerat, in monasterio sancti uiri diebus aliquot moraretur,
eius informatur oraculis patriam suam graue repente exitium
subituram. qui acceptis litteris ad sanctum Paulinum epi-
scopum destinatis remeauit instantius. igitur memoratus antistes 2
litterarum tenore perstructus uniuersa diocesis suae castella
scriptis propriis uehementer admonuit, ut triduano ieiunio,
quod litterae uiri dei signauerant, exitio uenturae cladis occur-
rerent. quibus iussa complentibus terminato ieiunio ecce 3
Alamannorum copiosissima multitudo feraliter cuncta uastauit.
castella uero nullum sensere periculum, quae lorica fidelis
ieiunii et laudanda cordis humilitas per uirum propheticum
aduersus hostium ferociam fidenter armauerat.

XXVI. Post haec leprosus quidam Mediolanensis territorii 1
ad sanctum Seuerinum fama eius inuitante perrexerat: hunc
sanitatis remedia suppliciter implorantem monachis suis in-
dicto ieiunio commendauit: qui continuo dei gratia operante
mundatus est. cumque recepta sanitate redire suaderetur ad
patriam, prostrauit se pedibus sancti uiri, petens, ne ulterius
ad sua redire cogeretur, cupiens scilicet, ut lepram quoque
peccatorum sicut carnis effugeret uitamque in eodem loco fine
laudabili terminaret. cuius animum religiosum uir dei uehe- 2
menter admirans paucis monachis paterna iussione praecepit,
ut frequentatis cum eo ieiuniis in oratione continua permanerent,

1 diebus] *om. V* aliquit (*corr. m. 2*) *L* 2 informatur] in forma *G* grauem] graue* (m *rasa*) *T*, *om. V* exitium *CNTV*: exicium *GM* excidium *L* 3 episcopum destinatis *CGMNTV*: ********* (episcopum) ******** (ordinatis) *L²* *sup. ras.* 5 perstructus *MNTV*: praestructus *CG* prestructus *L* diocesis *CGLMTV*: a diocesis *N* 6 ammonuit *L¹MNT¹* 7 signauerat *N* uenturo *MV* 8 complentebus (*corr. m. 1*) *V* 10 periculis *N* fidelis] *in mg. add. M¹* 11 cordis *CGLMNT*: carnis *V* 12 forociam *G* ferocium *N* 13 lęprosus *T* mediolensis *L* 14 eius] eĩ *T* perrexerat *CGLNTV*: peruenerat *M* 15 implorante *N* 16 qui *libri*: itaque *Hartel* dei gratia *CGNTV*: dei gram̃ *L* deo *M* 17 cunque *T* 18 sc̃i uiri pedibus *M* 19 lępram *T* 20 effugeret *CGMNTV*: effugaret *L* eadem *G¹* 22 ammirans *L¹MN* 23 ut *MTV*: *om. CGLN* permanerent *MNTV*: permanere *CGL*

ut dominus ei quae essent opportuna concederet. tantis itaque remediis praemunitus intra duorum mensuum spatium uitae mortalis est compedibus absolutus.

1 XXVII. Eodem tempore mansores oppidi Quintanensis, creberrimis Alamannorum incursionibus iam defessi, sedes proprias relinquentes in Batauis oppidum migrauerunt. sed non latuit eosdem barbaros confugium praedictorum: qua causa plus inflammati sunt credentes, quod duorum populos oppidorum uno impetu praedarentur. sed beatus Seuerinus orationi fortius incubans Romanos exemplis salutaribus multipliciter hortabatur, praenuntians hostes quidem praesentis dei auxilio superandos, sed post uictoriam eos qui contemnerent eius monita
2 perituros. igitur Romani sancti uiri praedictione firmati spe promissae uictoriae aduersus Alamannos instruxerunt aciem, non tam materialibus armis, quam sancti uiri orationibus praemuniti. qua congressione uictis ac fugientibus Alamannis uir dei ita uictores alloquitur: 'filii, ne uestris uiribus palmam praesentis certaminis imputetis, scientes idcirco uos dei nunc praesidio liberatos, ut hinc paruo interuallo temporis, quasi quibusdam concessis indutiis, discedatis. mecum itaque ad oppidum Lauriacum congregati descendite'. haec homo dei
3 plenus pietate commonuit. sed Batauinis genitale solum relinquere dubitantibus sic adiecit: 'quamuis et illud oppidum, quo pergimus, ingruente barbarie sit quantocius relinquendum,

1 oportuna *libri* 2 praemunitus MT^1: premunitus *N* prȩmonitus $CGLT^2V$ mensuum *NTV* (*cf. Rönsch Itala et Vulg. p. 265*): mensium *CGLM* spacium *GMV* 3 uite *V* 4 Eodem] odem *V* 5 iam] *om. N* 6 babtauis *V* obpidum *L pr.* sed non— 9 praedarentur] *om. M* latuit] latos *V* 8 imflammati *G* inflamati *V* 9 p̄da predarentur *G* 10 ortabatur *L* 11 praesentes *CGL* 12 contempnerent *GLV* contēpnerint *M* 13 Romani] romani omnes *CGLN* praedictione] praedicatione *CG* spe *CGL*: *om. MNTV* 14 promisse *NV* uictorie *V* instruxerunt *CGL*: construxerunt *MNTV* 16 fugentibus *N* 17 ita dei *G* 18 presentis *L* imputetis] computetis *L* iccirco *CGM* nunc *CGMNTV*: *om. L* 19 presidio *L* hinc] huic *G* 20 indutiis *L*: induciis *GM* indiciis *NTV* meͤum *T* 24 barbarię *GLMN* quantotius *LTV* quãtotius *N*

hinc tamen nunc pariter descendamus'. talia commonentem secuti sunt plurimi, quidam uero reperti sunt contumaces, nec defuit contemptoribus gladius inimici. quicumque enim ibidem contra hominis dei interdicta manserunt, Thoringis irruentibus in eadem hebdomade alii quidem trucidati, alii in captiuitatem deducti poenas dedere contemptui.

XXVIII. Igitur post excidium oppidorum in superiore parte 1
Danuuii omnem populum in Lauriacum oppidum transmigrantem, qui sancti Seuerini monitis paruerat, assiduis hortatibus praestruebat, ne in sua uirtute confiderent, sed orationibus et ieiuniis atque elemosynis insistentes armis potius spiritalibus
munirentur. praeterea quadam die uir dei cunctos pauperes 2
in una basilica statuit congregari, oleum prout poscebat ratio largiturus: quam speciem in illis locis difficillimam negotiatorum tantum deferebat euectio. igitur tamquam benedictionis accipiendae gratia maior egenorum turba confluxit: pretiosius quippe ibidem huius liquoris alimentum auxit turbam numerum-
que poscentium. tunc uir beatus oratione completa, signo 3
crucis expresso solitum sibi scripturae sanctae sermonem cunctis audientibus exprimens ait: 'sit nomen domini benedictum'. tunc coepit oleum propria manu ministris implere portantibus, imitatus fidelis seruus dominum suum, qui non

1 hunc *N* descendamus *NTV*: discedamus *CGLM* commonente *L*¹*MN* 3 quicunque *T* 4 thoringis *CGMTV*: thorigis *N* turîngis *L* 5 ebdomade *CNT* ebdomadae *GV* ebdômada *LM* 6 pęnas *CGL* penas *MN* 7 superiorē partē *L* 8 danûbii *L* 9 hortatibus *CGL*²*TV*: ortatib; *L*¹ hortationibus *N* oracionibus *M* 10 praestruebat *MNTV*: perstruebat *CGL* ne] non *N* sed] sed et *G* 11 atque] an̄ *V* olemosinis *CGLTV* helemosinis *MN* spiritualibus *CGLM* 12 quadam die uir dei *CGL*¹*MNTV*: uir dei quadam die *signis supra scriptis transposuit L*² 13 ut (pro *s. l.*) *T* 14 spetiem *V* difficillima *L* dificillima *N* 16 accipiende *MV* preciosius *M* pretiosum *CL* preciosum *G* 17 ibidem] idē *L* huius *CGMNTV*: *om. L* alimentum *CGMNTV*: elementum (ele *a m. 2 in ras.*) *L* turba *TV* 18 poscentum *N* cōnpleta (*corr. m. 1*) *L* signo *MNTV*: signoque *CGL* 19 scripture sancte *V* 21 cępit *CGL*¹*V* cepit *MN* 22 imitatus (t *s. l.*) *L pr.*

ministrari uenerat, sed potius ministrare, sequensque uestigia
saluatoris gaudebat augeri materiem, quam officio dexterae
sinistra nesciente fundebat. completis quippe uasculis pauperum
4 nihil minuebatur in manibus ministrantum. tantum igitur dei
beneficium dum circumstantes tacite mirarentur, unus eorum,
cui nomen erat Pientissimus, nimio timore perterritus exclamauit: domine mi, crescit hic caccauus olei et in modum
fontis exundat'. sic liquor ille gratissimus prodita uirtute
5 subtractus est. statim Christi famulus exclamans ait: 'quid
fecisti, frater? obstruxisti commoda plurimorum: ignoscat tibi dominus Iesus'. sic aliquando mulier uidua debitis onerata Helisei prophetae iussis instruitur ex olei stilla, quam habebat, uasa replere quam plurima. quod cum fecisset et adhuc a filiis uasa deposceret, ubi audiuit defecisse numerum, mox stetit et oleum.

1 XXVIIII. Per idem tempus Maximus Noricensis, cuius fecimus in superioribus mentionem, fidei calore succensus media hieme, qua regionis illius itinera gelu torpente clauduntur, ad beatum Seuerinum audaci temeritate, uel magis, ut post claruit, intrepida deuotione uenire contendit, conductis plurimis comitibus, qui collo suo uestes captiuis et pauperibus

1 cf. Marc. 10, 45 2 cf. Matth. 6, 3 12 cf. IIII Reg. 4, 2—7

1 ministrari] ministrare *N, corr. m. 1* 2 offitio *V* dextrae *CGL* 3 nesciente sinistra *M* quippe] itaq; ^{l} qppe *M* 4 in manibus] immanibus *N* ministrantum *NTV*: ministrantium *CL* ministrancium *GM* 6 Pientissimus] sapientissimus *G* timore *TV*: stupore *CGLMN* exclamauit] exclamauit dicens *CG* 7 caccauus *L^1TV*: cacauus *MN* caccabus *CGL^2* in modum *CGM*: immodum *NTV* in $\overset{m}{\text{n}}$odum *L, corr. m. 1* 8 sic *libri*: sed *uel* hinc *susp. Hartelius* liq$\overset{u}{\text{o}}$r *T* 9 statim] cui statim *CG* ait *LMTV*: dixit *CG, om. N* 11 Iesus] ih̃s xp̃s *CGL* sic] si• (c *ras.*) *L* honerata *MTV* 12 helisęi *GMT* prophete *V* stilla *libri*: situla *mauult Sauppe* 13 quod — deposceret] *om. N* 14 numerum *MNTV*: numerum uasorum *CGL* 15 et oleum *CG MNTV*: oleū *om. L^1, add. L^2 in mg.* 16 tempus] tep' (*sic*) *L* 17 fecimus] *add. L^2 in ras.* 18 hẏeme *M* 21 cōmitibus *V*

profuturas, quas Noricorum religiosa collatio profligauerat,
baiularent. itaque profecti ad summa Alpium cacumina per-
uenerunt, ubi per totam noctem nix tanta confluxit, ut eos
magnae arboris protectione uallatos uelut ingens fouea demersos
excluderet. et cum de uita sua penitus desperarent, nullo 2
scilicet subueniente remedio, uidit ductor comitum per soporem
quendam in effigie uiri dei stantem ac dicentem sibi: 'nolite
timere, pergite quo coepistis'. hac ergo reuelatione protinus
animati cum coepissent fide magis quam gressibus proficisci,
subito diuino nutu ingentis formae ursus e latere ueniens uiam
monstraturus apparuit, qui se tempore hiemis speluncis abdere
consueuit. mox cupitum reserat iter et per † ducenta ferme
milia non ad sinistram deuians, non ad dexteram uiam demon-
strauit optabilem. tanta enim eos intercapedine praecedebat, 3
quanta recenti uestigio semitam praepararet. itaque progrediens
bestia per heremi uastitatem uiros, qui egenis deferebant
solacia, non reliquit, sed usque ad habitacula hominum qua
potuit humanitate perduxit et mox in unam partem officio
diuertit expleto, ostendens tanto ducatus officio, quid homines
hominibus praestare debeant, quantum caritatis impendere,
cum desperantibus iter bestia saeua monstrauerit. igitur cum 4
seruo dei nuntiarentur qui uenerant, ait: 'sit nomen domini

1 collatione *suspicatur Hartelius* 4 magne *GLV* 5 excluderet (*sc.* itinere) *MNTV*: includeret *CGL* 7 quendam *MNTV*: *om. CGL* in effigie *NTV*: in effię *M* in effigiem *CG* ** effigiē *L* (in, *ut uidetur, erasum*) 8 cępistis *CL* cepistis *M* cepisti *G* 9 animatis *G* cępissent *CV* cepissent *GLMNT* 10 nuto *N* forme *GLV* 11 hyemis *M* 12 reserat] seserat *V* referat *G*, *corr. m. 1* ducenta (cc)] duo (II) *fort.*, per duo ducendo *uel* perducens t⟨ri⟩a *Hartel* 14 obtabilem *L*[1]*V* 15 quanta *CGMNTV*: quanto *L* 16 ęgênis *L* egenos (*corr. m. 1*) *V* 17 solatia *CTV* abitacula (ℎ *add. m. 2*) *L* qua] quā *G* 18 humaniter perduxit (ter perduxit *in ras.*) *G* humanitate *V* unam *libri*: suam *Hartel* (*et* 19) offitio *V* 19 diuertit—officio] *om. G* diuertit *MNTV*: deuertit *CL* ducatus *MNTV*: ducius *CL* 20 prestare *L*[1] prestare *V* quantum *MNTV*: quantumque *CGL* karitatis *N* 21 desperantibus] de spalib; *N* seua *GLMN*

benedictum. ingrediantur quibus uiam, qua uenirent, ursus
aperuit'. quo audito illi stupore nimio mirabantur uirum dei
referre id quod in absenti prouenerat.
1 XXX. Ciues item oppidi Lauriaci et superiorum transfugae
castellorum ad suspecta loca exploratoribus destinatis hostes
quantum humana poterant sollicitudine praecauebant. quos
seruus dei diuinitatis instinctu commonitus praesaga mente
praestruxit, ut omnem paupertatis suae sufficientiam intra
muros concluderent, quatenus inimicorum feralis excursio nihil
humanitatis inueniens statim fame compulsa immania crudeli-
2 tatis coepta desereret. haec per quadriduum contestatus
aduesperascente iam die Valentem nomine monachum mittens
ad sanctum Constantium, eiusdem loci pontificem, et ad ceteros
commanentes: 'hac' inquit 'nocte dispositis per muros ex more
uigiliis districtius excubate, superuenientis hostis cauentes
insidias'. at illi nihil aduersi per exploratores sentire se
3 penitus affirmabant. sed Christi famulus praemonere non
desinens dubitantibus uoce magna clamabat, eadem nocte eos
asserens capiendos, nisi imperiis fideliter oboedirent, saepius
repetens: 'me' inquit 'me, si mentitus fuero, lapidate'. itaque
tandem aliquando muris inuigilare compulsi, expleta consueti

1 uiam *CGLMN*: uia *TV* 2 aperuit ursus *M* 3 absenti *GLMNTV*: absentia *C codd. recc.* 4 item *CGL*: idem *MNTV* lauriaci (superscr. lorohc) *cod. Vind. 1064* trânsfugę (fug *a m. 2 in ras.*) *L* 6 poterant humana sollicitudine *CGL* humana sollicitudine poterant *M* 7 cōmonotus (superscr. i) *V*, *corr. m. 1* 8 praestruxit *MNTV*: perstruxit *CGL* suffitientiam *V* 9 quatinus *CG* excursus *CG* 10 compulsa *CL*: compulsus *GMNTV* 11 coepta (o *del. m. 1*) *L* cępta *CV* cepta *GM* desererent *C* quadriduum *CGN*: quatriduum *MTV* quadrubiū *L* 13 constantium *CL* (*sic*) *N TV*: constancium *GM* cęteros *CLV* 14 commanentes *CGMNTV*: comonentes *L* 15 cauentes *CGMNTV*: cauentes (n *et* s *del. m. 2*) *L* 16 illi *libri*: illis *Sauppe* per *GMNTV*: *om. C*(?) *L* 17 pęnitus *LV* affirmabant *CGMNTV*: igno*rabant (igno*ra *a m. 2 in ras.*) *L* 18 desinentes *N* de dubitantibus *fort.* 19 asserens] affir asserens (affir *del. m. 1*) *M* obędirent *CV* obedirent *GLM* saepius] sepiuus *M*, *corr. m. 1* 20 repetes (superscr. n) *T*

operis in noctis principio psalmodia, cum celeberrimo coepis-
sent uigilare concursu, aceruus faeni comminus positus et
facula baiuli nolentis accensus lumen, non incendium reddidit
ciuitati. qua occasione uociferantibus cunctis hostes siluarum 4
occultati nemoribus, subito splendore clamoreque perterriti,
putantes se praecognitos quieuerunt ac mane facto circumdantes
ciuitatem et ubique discurrentes, cum nihil uictualium repperis-
sent, direpto animalium grege cuiusdam hominis, qui seruo dei
praedicente contumax sua tutare contempserat, recesserunt.
illis autem abeuntibus ciues portas egressi haud procul a muris
scalas iacentes inuenerunt, quas ad urbis excidium praeparantes
barbari uigilantium clamore turbati nocte iactauerant. qua- 5
propter memorati ciues ueniam a Christi famulo precabantur
humiliter, confitentes corda sua lapidibus esse duriora, qui
rebus praesentibus agnouerant in sancto uiro gratiam uiguisse
propheticam: esset nempe tunc plebs inoboediens uniuersa
captiua, nisi eam liberam uiri dei consueta seruasset oratio,
Iacobo apostolo protestante: multum, inquit, ualet oratio
iusti assidua'.

XXXI. Feletheus, Rugorum rex, qui et Feba, audiens cuncto- 1
rum reliquias oppidorum, quae barbaricos euaserant gladios,
Lauriacum se per dei famulum contulisse, assumpto ueniebat
exercitu, cogitans repente detentos abducere et in oppidis sibi

18 Iac. 5, 16

1 noctis] hoc *M* cępissent *CLV* cepissent *GM* 2 aceruıſ (= aceruus) *V* côminus *L* et facula *MNTV*: facula *CGL* 3 reddit *N* 4 qua] quasi (si *del. m. 1*) *L* 5 ịṇ nemorib; (in *expunxit m. 1*) *L* 6 circundantes *M* 7 reperissent *LM* 8 grege animalium *M* animalium gregem *G* 10 haud] aut *M* 11 inuenerunt *MNTV*: inueniunt *CGL* 15 agnouerant *MNTV*: agnouerunt *CGL* 16 propheticum *G pr.* esset *MNTV*: isset *CGL* inobędiens *CMV* inobediens *GL* 17 consueta seruasset (sueta *del. m. 1*) *L* 18 iacobo (iaco *a m. 2*) *L* attestante *M* 20 Rugorum (Rvcen) *cod. Vind. 1064* feba *MNTV*: feua *GL* fęua *C* 21 barbaricos] barbárico sé *L* euaserant (inuaserant *N*) gladios lauriaco *CGMNTV*: *om. L* 22 assumpta *G pr.* 23 exercitui *G*

tributariis atque uicinis, ex quibus unum erat Fauianis, quae
2 a Rugis tantummodo dirimebantur Danuuio, collocare. quam
ob rem grauiter uniuersi turbati sanctum Seuerinum adiere
suppliciter, ut in occursum regis egrediens eius animum
mitigaret. cui tota nocte festinans in uicesimo ab urbe mili-
ario matutinus occurrit. rex ergo aduentum eius protinus
expauescens testabatur se illius fatigatione plurimum prae-
grauatum: causas itaque repentinae occursionis inquirit. cui
3 seruus dei: 'pax' inquit 'tibi, rex optime. Christi legatus
aduenio, subditis misericordiam precaturus. recole gratiam,
diuina beneficia recordare, quibus pater frequenter se sensit
adiutum. nam cunctis regni sui temporibus nihil me inconsulto
gerere praesumebat. qui monitis salutaribus non resistens
crebris prosperitatibus recognouit, quanti ualeret oboedientis
animus quantumque triumphatoribus prosit suis non tumere
4 uictoriis'. et rex: 'hunc' inquit 'populum, pro quo beniuolus
precator accedis, non patiar Alamannorum ac Thoringorum
saeua depraedatione uastari uel gladio trucidari aut in serui-
tutem redigi, cum sint nobis uicina ac tributaria oppida, in
5 quibus debent ordinari'. cui seruus Christi constanter ita
respondit: 'numquid arcu tuo uel gladio homines isti a prae-
donum uastatione creberrima sunt erepti et non potius dei
munere, ut tibi paulisper obsequi ualeant, reseruati? nunc
ergo, rex optime, consilium meum ne respuas, fidei meae hos
committe subiectos, ne tanti exercitus conpulsione uastentur

1 ex quibus — fauianis *CGLN*: *om.* *MTV* fabianis *GLN* 2 danúbio *L* 3 adire *N* 5 in *CGMNTV*: *om.* *L* 6 matutinus *CG* (*in ras.*) *NTV*: matuninus *M* maturi*us (uri *a m. 2 in ras. 4 litt.*) *L* occurit *M* ergo *LMNTV*: uero *CG* 9 tibi inquit *M* 11 pater] pater tuus *CGL* frequenter se *MNTV*: se frequenter *CGL* 12 inconsulto] inconsumpto *N* 14 obędientis *CLMV* obedientis *G* 16 beneuolus *M* 17 paciar *GMV* 18 seua *LMN* depredatione *T* uel gladio — redigi] *om.* *M* seruitutem *NTV*: seruitium *C* seruicium *G* seruitio *L* 20 debent *MNTV*: debeant *CGL* Christi] dei *M* 21 nunquid *CTV* p̄doũum *M* 22 sunt] *ras. in M* 23 obsequii *G* 24 obtime *L* conscilium *M* 25 commite *V* supiectos *G* compulsione *CGLMN*

potius quam migrentur. confido enim in domino meo, quod
ipse, qui me fecit horum calamitatibus interesse, in perducendis
eis idoneum faciet promissorem'. his auditis rex modestis 6
allegationibus mitigatus cum suo protinus remeauit exercitu.
igitur Romani, quos in sua sanctus Seuerinus fide susceperat,
de Lauriaco discedentes pacificis dispositionibus in oppidis
ordinati beniuola cum Rugis societate uixerunt. ipse uero
Fauianis degens in antiquo suo monasterio nec admonere
populos nec praedicere futura cessabat, asserens uniuersos in⟨de⟩
Romanos ad suas prouincias absque ullo libertatis migraturos
incommodo.

XXXII. Isdem temporibus Odoacar rex sancto Seuerino 1
familiares litteras dirigens, quae speranda duceret, dabat
suppliciter optionem, memor illius praesagii, quo eum quondam
expresserat regnaturum. tantis itaque sanctus eius alloquiis
inuitatus Ambrosium quendam exulantem rogat absolui. cuius
Odoacar gratulabundus paruit imperatis. quo etiam tempore, 2
dum memoratum regem multi nobiles coram sancto uiro
humana, ut fieri solet, adulatione laudarent, interrogat, quem
regem tantis praeconiis praetulissent. respondentibus 'Odoa-
carem': 'Odoacar' inquit 'integer tredecim et quattuordecim

4 cf. Anonym. Valesii §§ 47 sq. p. 292 ed. Gardth.

1 migraentur *V* enim] *om. N* 2 me] in me *N* 3 ydoneum *L* faciat *M* modestis *CG*L^1*MNTV*: mo//lestis *L ras.*; *in marg. additum*: al destis 4 exercitu* *L* (s *rasa*) 6 discetes[den] *T* 7 Rugis] regis *N* 8 fabianis *G* ammonere L^1*MN*T^1 9 inde *scripsi*: in *CGLNTV*, *om. M* 10 romanos ad suas *M*: romanis ad suas *NTV* romani soli *CG* romā soli *L* regni Romani (*i. e.* uniuersos Romanos) ad suas *suspicatur Hartelius* prouincias *MNV*: prouintias *T* prouinciam *L* prouincia *CG* 12 Hiisdem *T* hisdem *CL MNV* (*et* 17) odoacar *MNTV*: odouacar *C* odoachar *Anonym. cod. Pal.* odochar *cod. Meerm.* odoacer *L* odouacer *G* 13 quae *MNTV*: si qua *CGL codd. Meerm. Pal.* 15 alloquiis eius *CG* 16 cuius] cui *Anon. Meerm.* 17 quo *MNTV*: quodam *CGL* 19 humanę *L* adulacione *GM* adolatione *TV Anon. Meerm.* 20 odoacarem *MN TV*: odocharem *Anon. Meerm. m. 1* odoacrem *L Meerm. m. 2* odouacrem *CG* odoachrem *Pal.* 21 odoacar *NTV*: odoẹacar *M* odouacar *CG* odoâcer *L*, *om. Anon.* inquit] *om. L* integer *MNTV*: integer inter *CGL* qui dixit eis inter *Anonym.* qui integer inter *Sauppe* integer erit *Hartel* et] uel *fort.* quatuordecim *G* XIIII[ca] *M*

annos', ⟨annos⟩ uidelicet integri eius regni significans: et his
dictis adiecit citius illos quod ipse praedixerat probaturos.

1 XXXIII. Ab oppidaneis Comagensibus, apud quos primum
quondam innotuerat, beatus Seuerinus suppliciter rogatus
aduenit. cuius comperta praesentia unus ex optimatibus
Felethei regis filium suum adolescentem diuturno langore
uexatum, cui iam parabat exequia, traiecto Danuuio pedibus
eius proiecit et lacrimans: 'credo' inquit 'homo dei, te filio
2 meo uelocem impetrare diuinitus sanitatem'. tunc data oratione
qui semiuiuus allatus fuerat statim incolumis patre mirante
surrexit et perfecta protinus reuertitur sospitate.

1 XXXIIII. Elefantiosus etiam quidam, Teio nomine, de longin-
quis regionibus sancti Seuerini inuitatus uirtutibus uenit,
rogans eius se oratione mundari. accepto itaque ex more
praecepto iubetur deum, totius gratiae largitorem, sine cessati-
2 one lacrimabiliter exorare. quid plura? precibus beati uiri
idem leprosus diuina opitulatione mundatus, dum commutat
mores in melius, mutare meruit et colorem, regis aeterni
magnalia tam suis quam plurimorum uocibus longe lateque
denuntians.

1 XXXV. Bonosus quoque, monachus beati Seuerini, barbarus
genere, qui responsis eius inhaerebat, oculorum imbecillitatem

1 ⟨annos⟩ uidelicet *scripsi* (*cf. Sitzb. XCV p. 491 sqq.*): uidelicet *libri* integri eius regni *NTV Anonym. Meerm.*: integrum eius regnum *Pal. Anon.* interī eius regnum *M* integritatem eius regni *CGL* 2 probaturus *L* 3 Ab] *b *V* oppidaneis *NTV*: oppidanis *CGLM* commagensibus *NTV* commagenensibus *ÇG* aput *M* primum] plurimum *M* 5 aduenerat *M* 6 felethęi (ę *a m. 2*) *L* langore *LMT*[1]: languore *CGNT*[2]*V* 7 exequia *MNTV* (*cf. Roensch It. et Vulg.*[2] *p. 271*): exequias *CGL* transiecto *L* danûbio *L* 9 ueloce *V* tum *M* 10 semiuiuus] semiuiuum *N* semiuiuus reliquerat *V* fuerat] *M*[2] *s. l.* incolomis *TV* mirante] migrante *L* 11 perfectā *G* sanitate (sospitate *s. l.*) (*corr. m. 1*) *V* sanitate *C* in sanitatē *G* 12 elefanciosus *GMV* Teio] tegio *N* 14 se *MNTV*: *om. CGL* mundare *V* 15 iubetur] *om. M* cessatione] c. iubetur *M* 16 bęati *V* 18 mores] morē mox *N* 21 Bonosus] Bonos[us] *T* (*corr. m. 1*) bonus *L* beati — inhaerebat] *om. M* 22 responsit *N* inherebat *GNTV* inbecillitatem *MNV* imbecillitate *C* inbecillitate *L* imbeccillitate *G*

plurimam patiebatur medelamque sibi praestari eius oratione
poscebat, aegre ferens aduentitios et externos salutaris gratiae
sentire praesidia sibique nullam remediorum opem aliquatenus
exhiberi. cui seruus dei: 'non tibi' inquit 'expedit, o fili, 2
corporeis luminibus aciem habere perspicuam et exterioris
oculi clarum praeferre conspectum: ora magis, ut optutus
uegetetur interior'. talibus igitur monitis informatus dedit
operam corde magis uidendi quam corpore meruitque absque
ullo fastidio mirabiliter in orationis effici iugitate continuus
et quadraginta fere annis in monasterii excubiis perseuerans
eodem quo conuersus est fidei calore transiuit.

XXXVI. In loco Boiotro superius memorato quosdam tres 1
monachos sui monasterii doctor humilis superbiae foeditate
respersos dum pro suis singulos excessibus increpatos durare
in pernicie comprobasset, orauit, ut eos dominus in adoptionem
recipiens filiorum paterno dignaretur flagello corripere. prius
ergo quam orationem effusis lacrimis terminaret, uno momento
idem monachi daemone corripiente uexati contumaciam sui
pectoris uocibus fatebantur. absit, ut cuiquam hoc crudele 2
uideatur aut noxium, quia traditi sunt huiusmodi homines satanae in interitum carnis, sicut beatus dicit apostolus, ut

20 I Cor. 5, 5

1 plurimum *CGL* patiebatur medelamque *MNTV*: praegrauatus medelam *CGL* sibi praestari sibi (*sic*) *V* sibi prāre *M* 2 egre *GNT V* egros *M* aduenticios *GLMN* externos] hesternos *M* gre *V* 3 aliquatinus *M* 4 non tibi *CGMNTV*: *om.* *L*, Quid *Sauppe* inquid *N* o fili *MNTV*: fili *CGL* 5 corporei luminis *N* exterioribus oculis *CG* 6 praeferre] perferre *N* optutus *MNT V*: obtutus *CGL* 7 uegetetur *LMNTV*: uigeat *CG* taliter *N* monetis *M pr.* 8 uidendi *MTV*: uidere *CGL*, *om.* *N* 9 fastigio *V* 12 boiotro *CGL*: boitro *NTV* boytro *M* 13 feditate *GL*¹*MN* faeditate *CL*² 15 pernicię *L* pernitie *N* adoptione *V* 18 demone *GMNV* sui] suam *N* 20 aut] uel *M* noxiā *L*¹, *corr. m. 2* traditis (s *expunxit m. 2*) *L* sathanę *LMV* satane *GNT* 21 beatus dicit *MNTV*: docet beatus *C* beatus docens *L* beatus (*om.* dicit) *G*

spiritus saluus sit in die domini Iesu, cum beatus Ambrosius, Mediolanensis episcopus, seruum Stiliconis, auctorem falsarum epistolarum deprehensum, dixerit oportere tradi satanae, ne talia in posterum auderet admittere: quem eodem momento, cum adhuc sermo esset in ore sacerdotis, spiritus inmundus arreptum coepit discerpere. Seuerus quoque Sulpicius refert
3 ex relatione Postumiani uirum quendam magnis uirtutibus signisque mirabilem ad expellendam de corde suo iactantiae uanitatem, quam incurrerat, exorasse, 'ut permissa in se mensibus quinque diabolo potestate similis his fieret, quos ipse curauerat'. idemque post pauca: itaque 'correptus a daemone, tentus in uinculis, omnia illa quae energumeni solent ferre perpessus quinto demum mense curatus est, non tantum daemone, sed, quod illi erat utilius atque optatius, uanitate'.
4 praedictos itaque monachos uir dei delegatos fratribus per dies quadraginta arduis abstinentiae remediis mancipauit. quibus expletis data super eos oratione a potestate daemonis eruit nec solum sanitatem corporis, sed et mentis inpertiit. quo facto et sancto uiro reuerentiae terror adcreuit et ceteros maior disciplinae metus optinuit.

2 cf. Paulin. Vita S. Ambros. 43 (XIIII p. 42 M.) 7 Sulpic. dial. I 20, 7 sq. (p. 173 ed. Halm)

1 sit] *om.* *N* Iesu] *om.* *M* 2 episcopos *T pr.* stilichônis *L* auctorem *CGMN*: auctore *TV* auctoritate *L* 3 sathanę *LMV* satane *GT* 4 in posterum] postmodū *a m. 2 in ras.* *L* admittere *CGT*: admitteret *V* ammittere *N* amittere *L* cōmittere *M* 5 inmundus L^1T: immundus CGL^2MN inmundis *V* 6 cępit *CGLV* cepit *MN* 9 exorrasse *V* 10 diabolo *NTV* (diabulo *cod. Veron. Sulpicii*): diaboli *CGLM* 11 pauca itaque] pauca idēq; (a idē *a m. 2 in ras.*) *L* correptos *M pr.* demone *GMNV* 12 tentus *CGMNTV*: tempus L^1 temtus L^2 est retentus *cod. Veron. Sulpicii* omnia illa *MNTV et Sulpicius*: omnia *CGL* inergumini *libri* 13 curatus *CGMNTV*: curatur *L* purgatus *Sulpicius* non tantum — uanitate] *in mg. inf. add.* M^2 demone *MNV* 14 optatius] optabilius M^2 optatiubilis *cod. Ver. Sulpic.* 15 predictos L^1 17 demonis *MNV* 18 inperciit *V* imperciit *M* impertit GL^1N 19 et sancto] sancto *N* terrer *V* adcreuit *NTV*: accreuit *CGLM* cęteros *CL* 20 optinuit *GLMTV*: obtinuit *CN*

XXXVII. Marcianum monachum, qui postea presbyter ante 1
nos monasterio praefuit, ad Noricum cum Renato fratre
direxerat. et cum dies tertius laberetur, ait fratribus: 'orate,
carissimi, quia grauis hac hora tribulatio Marcianum com-
primit et Renatum, de qua tamen Christi liberabuntur auxilio'.
tunc monachi quae ab eo dicta sunt protinus adnotantes, illis 2
post menses plurimos redeuntibus diem horamque periculi,
qua barbaros euaserant, indicantibus, sicut signauerant,
approbarunt.

XXXVIII. Item uir beatissimus Seuerinus uni ex fratribus, 1
nomine Vrso, repente praecepit quadraginta dierum districtiore
ieiunio uenturae calamitati, abstinentia ciborum et lamentis,
occurrere, dicens: 'imminet tibi corporale periculum, quod dei
praesidio parui panis et aquae remediis expiabis'. quadragesimo
itaque die mortifera papula in brachio ieiunantis apparuit,
quam mox ad ipsum ingressus suppliciter demonstrauit. cui 2
sanctus dei famulus: 'noli' inquit 'metuere praenuntiatum tibi
ante dies quadraginta discrimen', statimque propria manu
signo crucis obducto mirantibus, qui aderant, papula letalis
euanuit. hoc unum de domesticis sanitatibus narrasse sufficiat,
prolixi operis fastidia declinando. nam saepius suorum aegri-
tudines monachorum Christo sibi reuelante praenuntians isdem
quibus praeuidebat muneribus et sanabat.

XXXVIIII. A discipulorum quoque suorum cellula spiritalis 1
doctor non longius habitabat, in orationibus uel abstinentia

1 *arcianum *V* 2 renoto *V* 3 ai*t *T* 4 martianum *TV* 6 annotantes *CGLMN* 7 plurimos] pluribus *N* 8 qua] qui *M* indicantibus sicut signauerant] *om. M* 9 approbauerunt *N* 10 uir *MNTV*: *om. CGL* seuerinu' *V* 11 reprente *L* districtiore] districcione *G* 12 cyborum *M* 13 occurre *N* 15 pabula *M* 17 tibi] *om. M* 19 obducto] *om. M* loetalis *TV* lętalis *CGL¹N* 20 euanuit *M* narrasse *CGMNTV*: narrare *L* suffitiat *V* 21 nam] *om. CG* saepius ** *T* egritudines *GLMNTV* 22 isdem *L*: hisdem *CGMNTV* 24 A] *om. V* spiritualis *CGL* 25 orationibb; (*prior* b *rasa*) *V* abstinentia] in abstinentia *CG*

iugiter perseuerans: cum quibus tamen matutinas orationes et propriam noctis principio psalmodiam sollemniter adimplebat, reliqua uero orationum tempora in paruo complebat oratorio, quo manebat. in quibus saepe caelestibus firmatus oraculis multa futura per dei gratiam praedicebat, multorum etiam occulta cognoscens, ut opus erat, proferebat in medium et singulis remedia, prout poscebat modus aegritudinis, prouidebat.
2 stratus eius unum erat in oratorii pauimento cilicium, omni tempore ipso quo uestiebatur amictu, etiam dum quiesceret, utebatur. numquam ante solis occasum nisi certa soluit festiuitate ieiunium. quadragesimae uero temporibus una per hebdomadem refectione contentus aequali uultus hilaritate fulgebat. aliena quasi propria errata deflens quibus poterat praesidiis temperabat.

1 XL. Deinde post multos agones et diuturna certamina, cum se idem beatus Seuerinus de hoc saeculo transiturum deo reuelante sensisset, memoratum Rugorum regem Febam cum uxore eius crudelissima, nomine Giso, ad se uenire commonuit.
2 quem cum salutaribus exhortatus esset affatibus, ut ita cum sibi subiectis ageret, quo se iugiter cogitaret pro statu regni sui rationem domino redditurum, aliisque uerbis intrepide monuisset, protenta manu regis pectus ostendens reginam his interrogationibus arguebat: ‘hanc’ inquit ‘animam, Giso, an aurum argentumque plus diligis?’ cumque illa maritum se diceret cunctis opibus anteferre, uir dei sapienter adiecit:

2 psalmodîa *L, corr. m. 2* sollempniter *L*¹*M* sollenniter *G* 3 complebat] implebat *M* 4 *oraculis *L* 6 in medium proferebat *M* 7 egritudinis *GLMTV* 8 cilium (ci *add. m. 2*) *T* 11 quadragesime *GV* 12 ebdomadem *CGTV* ebdomadā (ā *a m. 2 in ras. L*) *LMN* contentus] contēntus (*uirgulam add.*, n *del. m. 2*) *L* equali *GL* hylaritate *CG* 16 deo] dn̄o *N* 17 regem rugorum *M* febam *MNTV*: feuam *CL* fęuam *G* 18 (*et* 23) giso *CG LN*: gisa *MTV* 19 salutaribus] sclarib; *M* exortatus *L*¹*V*¹ affa*tibus *T* sibi cum *L* 20 subiectis (*prior* i *in ras.*) *T* quo *CGMNTV*: ut *L* pro statu] pstratū *N* 22 protenta] porrecta (porrec *a m. 2 in ras.*) *L* 23 interro(ga)tionibus *V* 24 a(u)rum *V* Cunque *TV*

ergo' inquit 'desine innocentes opprimere, ne illorum afflictio
uestram magis dissipet potestatem: etenim mansuetudinem
regiam tu saepe conuellis'. at illa: 'cur' inquit 'nos sic accipis, 3
serue dei?' cui ipse: 'contestor' ait 'uos ego humillimus iam
profecturus ad deum, ut ab iniquis actibus temperantes piis
insistatis operibus. huc usque regnum uestrum auctore domino
prosperatum est: iam ex hoc uos uideritis'. his monitis rex
cum coniuge sufficienter instructi ualedicentes ei profecti sunt.

Tunc sanctus non desinebat de suae migrationis uicinia suos 4
alloqui dulcedine caritatis, quod quidem facere nec ante cessa-
uerat. 'scitote' inquit 'fratres, sicut filios Israel constat ereptos
esse de terra Aegypti, ita cunctos populos terrae huius oportet
ab iniusta barbarorum dominatione liberari. etenim omnes
cum suis facultatibus de his oppidis emigrantes ad Romanam
prouinciam absque ulla sui captiuitate peruenient. sed me- 5
mentote praecepti sancti Ioseph patriarchae, cuius ego indignus
et infimus uos attestatione conuenio: u i s i t a t i o n e u i s i t a b i t
u o s d e u s: t o l l i t e o s s a m e a h i n c u o b i s c u m. quod non
mihi, sed uobis est profuturum. haec quippe loca nunc
frequentata cultoribus in tam uastissimam solitudinem redi-
gentur, ut hostes aestimantes auri se quippiam reperturos
etiam mortuorum sepulturas effodiant'. cuius uaticinii ueri- 6
tatem euentus rerum praesentium comprobauit. leuari uero
suum corpusculum pater sanctissimus, pietatis prouidus, argu-

17 Gen. 50, 25

4 cui] cum *L pr.* 5 deum] dominum *GM* 6 operibus insistatis *M* a͘uctore *L* domino] deo *L* 7 uos *CGMNTV*: *om. L* 8 coniunge *L* 10 karitatis *N* 11 sitoto *V* filii *M* israhel *C* ih̄l *G* ereptos esse *CGLNV*: ereptos ess& *T* esse ereptos *M* 12 egypti *CGLMN* ęgipti *V* cunctos] contos *V* terre *MV* 13 ^in^iusta *V* 15 prouintiam *V* mementote] m̄tote *M* 16 precepti *L* patriarcę *M* ego indignus et infimus uos *NTV*: uos ego indignus et infimus *CGL* ego indignus uos *M* 17 u^si^itatione *V* uisitauit (*corr. m. 2*) *L* 18 tollite *CGMNTV*: et tolletis *L* 21 ostes *L* estimantes *CGLM* se auri *M* 22 uatic^ni^ii (*corr. m. 2*) *L* 23 comprobauit] demonstrauit *M* 24 corpussculum *G*

mento praecepit, ut, dum generalis populi transmigratio prouenisset, indiuisa fratrum, quos adquisierat, congregatio proficiscens optentu memoriae eius in uno societatis sanctae uinculo permaneret.

1 XLI. Diem etiam, quo transiturus esset idem beatissimus Seuerinus e corpore, ante duos seu amplius annos hac significatione monstrauit. Epiphaniorum die, cum sanctus se Lucillus presbyter abbatis sui sancti Valentini, Raetiarum quondam episcopi, diem depositionis annua sollemnitate in crastinum celebraturum sollicitus intimasset, idem famulus dei ita respondit: 'si beatus Valentinus haec tibi celebranda sollemnia delegauit, ego quoque tibi in eodem die uigiliarum mearum
2 studia obseruanda migraturus e corpore derelinquo'. ille his sermonibus tremefactus cum se magis, utpote homo decrepitus, enixius commendaret quasi primitus transiturus, adiecit: 'hoc erit, sancte presbyter, quod audisti, nec domini constitutum humana uoluntate praeteriet'.

1 XLII. Praeterea Fredericus a fratre suo, Rugorum rege Feba, ex paucis, quae super ripam Danuuii remanserant, oppidis unum acceperat, Fauianis, iuxta quod sanctus Seuerinus, ut retuli, commanebat. ad quem cum idem Fredericus ex more salutaturus accederet, coepit ei Christi miles iter suum enixius indicare, sub contestatione haec proloquens:

1 populis *GM* 2 prouenisset] prouenit se *N* acquisierat *L*[1] *MN* 3 obtentu *GMN* optēptu *V* 5 beatus *LM* 6 corpore] corpę *M* hac] *om. M* significationes *V pr.* 7 epiphaniorum *LN*: epẏfaniorum *T* epyphaniorum *CGMV* se sanctus *M* 8 pręsbiter *TV* abbati sui *G*[1]*V* retiarum *CLNTV* reciarum *GM* 9 sollempnitate *L* sollennitate *G* 10 dei famulus *M* 11 cęlebranda *L* ueneranda *M* sollēpnia *L*[1]*M* sollennia *G* 13 studi* (o *eras.*) *V* obseruandā *V* 14 ûtpute *L* 17 preteriet *LMN* 18 fredericus *MNTV*: ferderuchus *C GL* regē *TV* 19 feba *MNTV*: feua *CL* fęua *G* danûbii *L* 20 acceperaṇt *N* fabianis *G* 21 commanebat *CGL*[1]*M NT*[2]*V*: commonebat *L*[2]*T*[1] idem] ille *M* fredericus] ferdêruchus *GL* federuchus *C* 22 cępit *CGLN* cepit *M*

'noueris me' inquit 'quantocius ad dominum profecturum et
idcirco monitus praecaueto, ne me discedente aliquid horum,
quae mihi commissa sunt, attaminare pertemptes et substantiam
pauperum captiuorumque contingas, indignationem dei, quod
absit, tali temeritate sensurus'. sed Fredericus insperata 2
commonitione perculsus: 'cur' inquit 'hac contestatione confundimur,
cum non optemus tantis orbari praesidiis et sanctae
largitioni tuae, quae omnibus nota est, conferre aliquid deceat,
non auferre, quatenus solita, sicut et pater noster Flaccitheus,
tua merear oratione muniri, qui experimento didicit sanctitatis
tuae meritis se fuisse semper adiutum?' et ille: 'qualibet'
inquit 'occasione cellulam meam uolueris laedere, et hic
statim probabis et in futuro solues quam non opto uindictam'.
tunc Fredericus promittens se Christi famuli monita seruaturum 3
remeauit ad propria. doctor uero dulcissimus non cessabat
suos alloqui per monita discipulos dicens: 'confido de gratia
domini mei Iesu Christi, quia uobis in opere suo durantibus
et meae memoriae pacata societate coniunctis aeternae uitae
bona tribuet nec praesentium solacia denegabit'.

XLIII. Nonis itaque ianuariis coepit tenuiter lateris dolore 1
pulsari. quo durante per triduum medio noctis tempore fratres
adesse praecepit, quos de corpore suo commonens et paterna

1 quantotius *LTV* quãtotius *N* 2 iccirco *CGM* monitis *M* praecaueo *N* 3 pertemtes *C* 4 indignacione *M* 5 temeritate] seueritate *M* ferdêruchus *CGL* inspirata *L* 6 commotione (ni *corr. m. 2*) *T* commotione *N* 7 sancte *GNV* 8 conferri *M* aliquid] nos aliquid *CGL* deceat] doceat *L*[2] 9 auferri *M* quatinus *CG* flaccustheus (us *del. m. 2*) *N* 11 se] *om. M* 12 occacione *G* uoluerit *M* ledere *CGLMN* 14 ferderuchus *CGL* monita *CGLMN*: nonita *TV* 16 monita *MNTV*: momenta *CGL* confidoe *N* 17 durantibus] laborantibus *M* 18 pacata (a *prima a m. 2 in ras. 2 litt.*) *L* paccata *M* eternę *GV* ęterna *M* uitae] *om. M* 19 tribuæt *M* pręsentiam *T pr.* solatia *N*[1]*TV* denegauit (u *ex* b *corr. m. 2*) *G* 20 i*uariis *T* cępit *CGLN* cepit *M* 21 medię *M* fratres] *om. M* 22 adessae *V* suo] *om. M* commouens *N*

informatione corroborans, instanter ac mirabiliter talia prose-
2 cutus aiebat: 'filii in Christo carissimi, scitis, quod beatus
Iacob de saeculo recessurus condicione mortis instante filios
suos adesse praecipiens et propheticae benedictionis affatibus
singulos quosque remunerans mysteriorum arcana prodidit
futurorum. nos uero infirmi ac tepidi tantaeque impares pietati
hanc praerogatiuam nostris usurpare uiribus non audemus,
unum tamen, quod humilitati congruit, non tacebo, mittens
uos ad exempla maiorum, quorum intuentes exitum conuersati-
onis imitamini fidem. Abraham namque uocatus a domino
fide oboediuit, ut exiret in locum, quem accepturus erat in
3 possessionem, et exiit nesciens, quo uenturus esset. huius
igitur beati patriarchae imitamini fidem, imitamini sanctitatem,
terrena despicite, patriam caelestem semper inquirite. confido
autem in domino, quod mihi de uobis aeterna lucra prouenient.
uideo enim uos gaudium meum feruore spiritus ampliasse,
amare iustitiam, fraternae caritatis uincula diligere, castitati
operam dare, humilitatis regulam custodire: haec, quantum
ad hominis spectat intuitum, laudo confidenter et approbo.
4 sed orate, ut quae humanis aspectibus digna sunt aeternae
discretionis examine firmentur, quia non, sicut homo uidet,
uidet deus. ille siquidem, sicut diuinus sermo denuntiat,
omnium corda scrutatur et omnes mentium cogi-
tationes anteuenit. assiduis ergo precibus hoc sperate,
ut oculos cordis uestri deus inluminet eosque, sicut optauit

3 cf. Gen. 49, 1—33 23 Rom. 8, 27

2 aiebat] agebat *TV* 3 conditione *LTV* 4 et propheticae *CGMNTV*: propheticę *L* 5 singulos *CGL*: singulorum *MNTV* misteriorum *GM* ministeriorum *L*, *corr. m. 2* archana *libri* 6 infimi (fi *in ras. L*) *CGL* pietate *N pr.* 7 pręrogatiuan *V* 10 abraham *TV*: habraham *LN*[1] abraam *CGM* nanque *C* 11 obędiuit *CL* obediuit *GMN* 12 uentu|turus *T* 13 patriarcę *M* fidem imitamini] *C*[1] *in ras.* 15 autem] *om. M* eterna *V* 17 karitatis *LN* uincla *CG* 18 haec] hęc autem *M* 20 eterne *V* 21 examine] examinatione (ion *a m. 2 L*) *CL* examinacione *G* homo uidet *MNTV*: uidet homo *CGL* 22 diuinis *N pr.* 25 illuminet *CGLMNT*[2]*V*

beatus Heliseus, aperiat, quo possitis agnoscere, quanta nos
circumstent adiumenta sanctorum, quanta fidelibus auxilia
praeparentur. deus enim noster supplicibus appropinquat. non 5
desit militantibus deo iugis oratio: non pigeat agere paeni-
tentiam, quem non puduit facinus perpetrare: non dubitetis
lugere peccantes, si quo modo offensa diuinitas uestrarum
lacrimarum inundatione placetur, quia spiritum contribulatum
suum dignatus est uocare sacrificium. simus igitur corde
humiles, mente tranquilli, delicta omnia praecauentes ac
diuinorum semper memores mandatorum, scientes non prodesse
nobis humilitatem uestis, nomen monachi, uocabulum religionis,
speciem pietatis, si circa obseruantiam mandatorum degeneres
inueniamur et reprobi. mores igitur, filii mei carissimi, 6
proposito suscepto consentiant: grande nefas est peccata
sectari etiam hominem saecularem, quanto magis monachos,
qui blandimenta saeculi quasi atrocem bestiam fugientes
Christum cunctis affectibus praetulerunt, quorum incessus et
habitus uirtutis creditur esse documentum? sed quid uos ultra
demoror, filii carissimi, longi sermonis affatu? superest, ut 7
beati apostoli ultima oratione uos prosequar ita dicentis: et
nunc commendo uos deo et uerbo gratiae eius,
qui potens est conseruare uos et dare hereditatem
in omnibus sanctificatis. ipsi gloria in saecula saecu-
lorum. amen.

1 cf. IIII Reg. 6, 17 7 cf. Ps. 50, 19 20 Act. 20, 32

1 quo *LMNTV*: ut *CG* 2 sanctorum adiumenta *M* 3 supplicibus *Sauppe ex codd. quibusdam recc.*: simplicibus *libri* 4 non pigeat — perpetrare] *add. m. 1 in mg. V* penitentiam *V* 5 pudui *N* 6 peccantes] ntes *in* tis (= peccatis) *corr. m. 1 in mg. L* 8 scimus *TV* 10 memores] *om. N* 12 sp&iem T^1 mandatorum] mandatorum dī *M* 13 inueniamur *CGMNTV*: inuenimur *L* 15 secularem *LV* 16 seculi *L* 17 affectitibus *V* 19 demorer *M* filii] filii mei *M* affatu *CGLMN*: affectu *TV* 20 prosequa*r *T* dicentis (tis *del.*, s *add. m. 2*) *L* et] e *V* 22 conseruare] consolari *M* hęreditatem (redi *in ras.*) *L* 23 secula seculorum *V* 24 amen *MNTV*: *om. CGL*

8 Post huiusmodi igitur aedificationis alloquium cunctos per
ordinem ad osculum suum iussit accedere et sacramento
communionis accepto fleri se penitus prohibet totumque corpus
signo crucis extenta manu consignans, ut psallerent imperauit.
quibus maeroris suffusione cunctantibus ipse psalmum protulit
ad canendum: L a u d a t e d o m i n u m i n s a n c t i s e i u s,
9 o m n i s s p i r i t u s l a u d e t d o m i n u m. sexto itaque iduum
ianuariarum die in hoc uersiculo nostris uix respondentibus
quieuit in domino. quo sepulto credentes omni modo seniores
nostri, quae de transmigratione praedixerat, sicut et multa
alia praeteriri non posse locellum ligneum parauerunt, ut, cum
praenuntiata populi transmigratio prouenisset, praedictoris
imperata complerent.

1 XLIIII. Fredericus uero beati Seuerini morte comperta,
pauper et impius, barbara cupiditate semper immanior, uestes
pauperibus deputatas et alia nonnulla credidit auferenda. cui
sceleri sacrilegium copulans calicem argenteum ceteraque
2 altaris ministeria praecepit auferri. quae cum imposita essent
sacris altaribus nec auderet directus uilicus ad tale facinus
suas manus extendere, quendam militem, Auitianum nomine,
compulit diripere memorata. qui quamuis inuitus praecepta
perficiens, mox tamen incessabiliter uexatus omnium tremore
membrorum daemonio quoque corripitur. is ergo uelociter
consilio meliore correxit errata. suscepto namque professionis
sanctae proposito in insulae solitudine armis caelestibus

6 Ps. 150, 1. 6

3 communiohnis *M* penitus] protinus *M* 4 extenta] tenta *N* 5 meroris *libri* cunctatibus *V* 8 ianuarii *M* nostris *MNTV*: nobis *CGL* 9 *quieuit *L* 10 nostri] *om. M* 11 praeterire *CGLN* 12 populi prenunciata *M* predictoris *MV* prędictores L^1, *corr. m. 2* 13 impera^{ta} (ta *fere euanuit*) *M* 14 ferdêruchus *CGL* 17 cęteraque *GLM* 18 com *V* 19 di-^{r}ectus *T* uilicus *NTV*: uillicus *CGLM* 20 extendere manus *M* auicianum *GM* 21 deripere L^1 precepta *L* 22 uexatus *omnium (s *ras.*) *L* tremore CGL^1MNTV: tumore L^2 23 menbrorum *LN* his *LM* 24 c̄scilio *M* melire *L pr.* nanque *C*

mancipatus militiae commutauit officium. Fredericus autem 3
immemor contestationis et praesagii sancti uiri abrasis omnibus
monasterii rebus parietes tantum, quos Danuuio non potuit
transferre, dimisit. sed mox in eum ultio denuntiata peruenit:
nam intra mensis spatium a Frederico, fratris filio, interfectus
praedam pariter amisit et uitam. quapropter rex Odoacar 4
Rugis intulit bellum. quibus etiam deuictis et Frederico
fugato, patre quoque Feba capto et ad Italiam cum noxia
coniuge transmigrato, post audiens idem Odoacar Fredericum
ad propria reuertisse statim fratrem suum misit cum multis
exercitibus Onoulfum, ante quem denuo fugiens Fredericus ad
Theudericum regem, qui tunc apud Nouas, ciuitatem prouinciae
Moesiae, morabatur, profectus est. Onoulfus uero praecepto 5
fratris admonitus uniuersos iussit ad Italiam migrare Romanos.
tunc omnes incolae tamquam de domo seruitutis Aegyptiae, ita
de cotidiana barbarie frequentissimae depraedationis educti
sancti Seuerini oracula cognouerunt. cuius praecepti non
immemor uenerabilis noster presbyter tunc Lucillus, dum
uniuersi per comitem Pierium compellerentur exire, praemissa
cum monachis uespere psalmodia sepulturae locum imperat
aperiri. quo patefacto tantae suauitatis fragrantia omnes nos 6
circumstantes accepit, ut prae nimio gaudio atque admiratione

1 mancipatus *CGLM*: mancipatum *NTV* ferderuchus *CGL* autem] uero *M* 3 danubio *L* 4 tranferre *M* 6 quapropter] quia propter (i *expunxit m. 2*) *L* (*et* 9) odouacar *CG* odoacer *L* 8 feba *MNTV*: feua *CL* fęua *G* et *MNTV*: atque *C GL* 10 multis] *om. M* 11 onoúlphum *M* quem *CGMN TV*: quā *L* fredericus* ad *L* 12 teudericum *NTV* theodericum *CGLM* prouintię *TV* 13 mesię *LM* misię *G* mysię *C* onoulphus *M* 14 fratris] patris *M* ammonitus *L*[1] *MNT*[1] 15 *post* incolae *ras. 2 litt. in L* tanquam *TV* quasi *M* egyptiae *CN* egypcię *GM* 16 cotidiana *CGN*: cottidiana *MTV* quotidiana *L* barbarię *GMNV* depredationis *V* 17 pręceptis (s *del. m. 1*) *M* 18 pręsbiter *TV* 21 fragrantia *C*: flagrantia *LMNTV* flagrancie (e *in* a *corr.*) *G* nos omnes *M* 22 circumstantes] *om. M* ammiratione *NT*[1] ammiracione *M* iammiratione (i *expunxit m. 2*) *L*

prosterneremur in terram. deinde humaniter aestimantes ossa funeris inueniri disiuncta — nam annus sextus depositionis eius effluxerat — integram corporis compagem repperimus. ob quod miraculum inmensas gratias retulimus omnium conditori, quia cadauer sancti, in quo nulla aromata fuerant, nulla manus accesserat condientis, cum barba pariter et capillis usque
7 ad illud tempus mansisset inlaesum. linteaminibus igitur immutatis in loculo multo ante iam tempore praeparato funus includitur, carpento trahentibus equis inpositum mox euehitur, cunctis nobiscum prouincialibus idem iter agentibus, qui oppidis super ripam Danuuii derelictis per diuersas Italiae regiones uarias suae peregrinationis sortiti sunt sedes. sancti itaque corpusculum ad castellum, nomine Felethem, † Mulsemensis regionis apportatum est.

1 XLV. Per idem tempus multi uariis occupati langoribus et nonnulli ab spiritibus inmundis oppressi medellam diuinae gratiae sine ulla mora senserunt. tunc et mutus quidam ad id castellum suorum miseratione perductus est. qui dum in oratorio, quo sancti uiri corpusculum super carrum adhuc positum permanebat, alacer peruenisset ac sub eo clauso oris sui ostio in cordis cubiculo supplicaret, ilico lingua eius in

1 terra *L* humaniter *CGMNTV*: unanimiter *L* estimantes *CGLMN* 2 inuenire *CG* 3 effluxera*t *V* repêrimus *L* 4 immensas *CMN* 5 quo] qua *N* 7 mansisset *MNTV*: permansisset *CGL* inlesum *MV* illęsum *L*[1] illesum *CGL*[2]*N* 8 fumus *N* 9 ęquis *GL*[1] impositum *CGLMN* uehitur *M* 10 cunctis nobiscum] *rasa in M* prouintialibus *V* idem *CLM*: idem idem *G* eundem *NTV* 11 danubii *L* diuersa *M* 12 peregrinationes *L*[1], *corr. m. 2* sortiti — regionis] *om. M* 13 felethem *NTV*: montem fêletem *CL* montem felentem *G* mulse mensis regionis (*sub* mulse mensis *nomen regionis Italiae latere uidetur*) *NTV*: multis emensis (sis *in ras. G*) regionibus *CGL* 15 multi *CMNTV*: multis *GL* langoribus occupati *M* languoribus *CGN* 16 ab *CGMNTV*: a *L* immundis *CGL*[2]*MN* medellam *TV pr.*: medelam *CGMN* medê*lam (e la *a m. 2*) *L* 17 semserunt *V* ad id] adit *N* 19 oratorio *LMNTV* (*cf. Rönsch It. et Vulg.*[2] *p. 406*): oratorium *CG* 21 hostio *NTV* hostio in cordis cubiculo cubiculo *M* lingua* *T*

oratione soluta laudem dixit altissimo. cumque reuersus ad 2
hospitium, quo suscipi consuerat, interrogatus fuisset ex more,
nutu signoque pulsatus, et orasse et laudem se deo obtulisse
clara uoce respondit. quo loquente pauefacti qui eum noue-
rant, ad oratorium cum clamore currentes sancto Lucillo
presbytero simulque nobis, qui cum illo eramus, ignorantibus
quod euenerat, indicarunt. tunc omnes exultantes in gaudio
diuinae clementiae gratiarum retulimus actionem.

XLVI. Igitur illustris femina Barbaria beatum Seuerinum, 1
quem fama uel litteris cum suo quondam iugali optime nouerat,
religiosa deuotione uenerata est. quae post obitum eius audiens
corpusculum sancti in Italiam cum multo labore perductum
et usque ad illud tempus terrae nullatenus commendatum
uenerabilem presbyterum nostrum Marcianum, sed et cunctam
congregationem litteris frequentibus inuitauit. tunc sancti 2
Gelasii, sedis Romanae pontificis, auctoritate et Neapolitano
populo exequiis reuerentibus occurrente in castello Lucullano
per manus sancti Victoris episcopi in mausuleo, quod praedicta
femina condidit, collocatum est.

Qua celebritate multi langoribus diuersis afflicti, quos 3
recensere longum est, receperunt protinus sanitatem. inter

1 soluta *MNTV*: resoluta *CGL* cunque *TV* 2 *ospitium (h *ras.*) *L* consuerat *TV*: consueuerat *CGLMN* interrogatus *M*: interrogantis *CGLNTV* 3 nutu] nitu *N* signoque *CGMNT*: signoquę *V* signoue *L* et orasse et *CGL*: et orasset *NTV* an orasset *M* optulisse *LM* 4 lonquente *G* 7 indicauerunt *M* 8 clementiae] grę̃ clementię (*sed* grę̃ *del. m. 1*) *N* 10 quondam] quodam *M* 11 religiosa deuotione] deuotiosa *L*; religiosa *in ras. G* 12 italia *L* cum *MNTV*: *om. CGL* labore *CGMNTV*: honore *L* 14 uerabilem *V* martianum *TV* 15 frequentibus litteris *G* tum *M* 16 neapolitane L^1 neapolitanę L^2 17 exsequiis *L* exequis *V* reuerentibus *CGNTV*: reuertentibus *L* reuerendis *M* occurrentibus *M* lucullano *CGLN*: lucallano *TV* lucalano *M* 18 manu *TV* uicto^{r}is *V* in] *om. N* mausuleo *NT*: mausoleo *CGLM* manusuleo *V* 20 cele^{b}ritate (*corr. m. 2*) *L* languoribus *CGMNT*² languobus *V*

quos quaedam uenerabilis ancilla dei, Processa nomine, ciuis Neapolitana, cum grauissimum aegritudinis pateretur incommodum, sancti funeris prouocata uirtutibus in itinere properanter occurrit et ingressa sub uehiculo, quo corpus uenerabile portabatur, statim caruit omnium langore membrorum.

4 [Tunc et Laudicius quidam caecus, inopinato psallentis populi clamore perculsus, sollicite suos quid esset interrogat. respondentibus, quod cuiusdam sancti Seuerini corpus transiret, compunctus ad fenestram se duci rogat, de qua poterat a sanis eminus multitudo psallentium atque uehiculum sancti corporis contemplari. cumque fenestrae nixus incumberet et oraret, protinus uidit, singillatim nominatimque demonstrans omnes notos atque uicinos. quo facto cuncti, qui audierant, gratias deo lacrimantibus gaudiis retulerunt.

5 Marinus quoque, primicerius cantorum sanctae ecclesiae Neapolitanae, cum sanitatem post immanissimum langorem recipere pro incessabili capitis dolore non posset, caput uehiculo credens apposuit et mox a dolore liberum subleuauit memorque beneficii semper in die depositionis eius occurrens uoti sacrificium deo cum gratiarum actione reddebat.

6 Verum multis plura scientibus sufficiat tria de innumeris, quae in ingressu eius gesta sunt, beneficiorum uirtutumque retulisse miracula.] Monasterium igitur eodem loco constructum ad memoriam beati hactenus perseuerat, cuius meritis multi

1 quaedam] quę**dam *L* ciuis *CGMNTV*^{2}: cuius *LV*^{1} 2 neapolitane *L*^{1} neapolitanę *L*^{2} egritudinis *GLMTV* 3 in] *om. L* itinere] initinere *V* properanter] ꝓpe (= prope) *M* 4 occurrit — quo] *om. M* uehiculum *G* *post* corpus *ras. 4 litt. in V* uenerabile corpus *M* 5 omnium] omni *M* languore *CGMNV*^{1} menbrorum *LN* 6 Tunc et Laudicius — 23 retulisse miracula] *exhibent CGL, om. MNTV* inoppinâta *L* 11 nixus *C L*: nixius *G* 12 nominatimque *CG*: *om. L* 13 notos] *ex* natos *corr. L*^{2} 15 ęcclesię *L*^{1} 16 languorem *CG* 21 sufficiat *CG*^{1}*L*: sufficiant *G*^{2} 23 eodem *CGMNTV*: in eodem *L* constructum] constitutum *M* 24 beati] beati uiri *CGL* actenus *MV*^{1} perseuerat *M*

obsessi a daemonibus sunt curati et diuersis obstricti langoribus receperunt ac recipiunt operante dei gratia sanitatem: cui est honor et gloria in saecula saeculorum. amen.

Habes, egregie Christi minister, commemoratorium, de quo opus efficias tuo magisterio fructuosum.

1 a *CGLT*[1]: *om. MNT*[2]*V* sunt—langoribus] *om. CGL* languoribus *N* 2 dei gratia] dño grãm (m *del. m. 2*) *N* sanitate *N* 3 amen] *om. N* 4 Habes—fructuosum *CGNT*: *om. MLV* egregie *CG*: egregi *NT* EXPLICAT COMMEMORATORIVM IN QVO SC̃I SEVERINI VITAE CONTINENTVR INDICIA. INCIPIT RESCRIPTVM SC̃I PASCASII DIACONI *T* INCIPIT RESCRIPTA SC̃I PASCHASII DIACONI *N* Explicit (*om. G*) Incipit epistola paschasii diaconi rescripta (rescrita *G*) ad eugepium presbyterum *CG* Explicit uita sc̃i seuerini. Incipit prologus in libro uitae sc̃orum patrum *M* Incipit uita beati pauli primi heremite *V*

EPISTOLA PASCASII DIACONI AD EVGIPPIVM PRESBYTERVM.

DOMINO SANCTO SEMPERQVE CARISSIMO EVGIPPIO PRESBYTERO PASCASIVS DIACONVS.

1 Frater in Christo carissime, dum nos peritiae tuae facundia
et otii felicitate perpendens amaritudines occupationesque
multiplices peccatorum retractare contemnis, pudoris iacturam
2 dilectionis contemplatione sustineo. direxisti commemoratorium,
cui nihil possit adicere facundia peritorum, et opus, quod
ecclesiae possit uniuersitas recensere, breui reserasti compendio,
dum beati Seuerini finitimas Pannoniorum prouincias incolentis
uitam moresque uerius explicasti et quae per illum diuina
uirtus est operata miracula diuturnis mansura temporibus
tradidisti memoriae posterorum — nesciunt facta piorum
praeterire cum saeculo — ut omnes praesentem habeant et
secum quodam modo sentiant commorari, quibus eum relatio
peruexerit lectionis. et ideo, quia tu haec quae a me narranda
3 poscebas elocutus es simplicius, explicasti facilius, nihil ad-
iciendum labori uestro studio nostro credimus: siquidem aliter

1 *Epistolam Pascasii om. MV* 3 sancto] *om. CG* semperque] semper *G* eugepio *libri* 4 pascasius *T*: paskasius *L* paschasius *CGN* 6 perpendens *NT*: perpendis *CGL* 7 contempnis *L* 8 cotēplatione *L* 10 ęcclesię *GL* 11 prouintias *T* 14 tradidistis (*corr. m. 1*) *L* nesciunt *CGNT*: nesciunt enim *L* piorum *Bollandus*: priorum *CGLNT* 15 perire *N* 16 relatio] relaxacio *G* 17 a] *om. C* 19 credimus *NT*: credidimus *CGL* alter (*corr. m. 2*) *T*

audita narramus, aliter experta depromimus. facilius uirtutes
magistrorum a discipulis exponuntur, quae suggeruntur crebrius
conuersatione docentium.

Diuinis charismatibus inspiratus scis, bonorum mentibus 4
excolendis quantum gesta sanctorum utilitatis impertiant,
quantum feruoris attribuant, quantum puritatis infundant.
de qua re apostolicae uocis auctoritas latius innotescens: forma,
inquit, estote gregi, et beatus Paulus Timotheo praecipit:
forma esto fidelibus. unde idem apostolus iustorum
catalogum summa breuitate contexens ab Abel incipiens
insignium uirorum pergit narrare uirtutes. sic et ille fidelis- 5
simus Matathias morti gloriosissimae iam propinquans filiis
suis hereditario iure sanctorum exempla distribuit, quorum
certaminibus admirandis celebrius excitati animas suas pro
legibus sempiternis sanctitatis feruore contemnerent. nec
paterna liberos fefellit instructio: tantum enim profuerunt
memoratis facta maiorum, ut aperta fide armatos principes
deterrerent, castra sacrilega superarent, cultus arasque dae-
monicas longe lateque diruerent ciuicamque coronam gestis
decorati perennibus splendenti patriae prouiderent. unde et 6
nos ornamentis sponsae Christi quiddam fraterno ministerio
prouideri gaudemus, non quo ullis, ut credo, temporibus
defuerit clarior uita maiorum, sed quod domum magni regis
plurimorum uexilla trophaeorum habere conueniat. non enim

7 I Petr. 5, 3 9 I Tim. 4, 12 10 cf. Hebr. 11 14 I Macc. 2, 51 sqq.

4 charismatibus *CGL* carismatibus *NT* inspiratis *C* scis] s̃cis (= sanctis) *GN* 6 quantum feruoris attribuant *CGNT*: *om. L* 7 de qua re] *om. CG* uocis] uobis *G* 10 katálagum *L pr.* contexens *CGNT*: contexens et *L* 11 insignum *T* 12 mathathias *libri* suis filiis *G* 13 hęreditario *CL* 14 ammirandis *NT*[1] celebrius (*cf. I Macc. 2, 51*) *CGLNT*: celerius *Sauppe* 15 contempnerent *G* 17 aperta *NT*: apertissima *CGL* 19 ciuilicamque(?) *T* gestis *NT*: sertis *CGL* 20 perhennibus *N* prouidere *CG* 22 gaudeamus *G* quo ullis *GNT*: quod ullis *C* quod illis *L* 24 tropheorum *CGLNT*

uera uirtus excluditur numerositate uirtutum, sed optatis successibus eatenus ampliatur.

2 *post* ampliatur *add.* *L*: misericordia dei nostri sanctitatem uestram semper tueatur incolumen. EXPLICAT (EXPLICIT *N*) EPLA PASCASII (PASCHASII *N*) DIACONI AD EVGIPIVM PRBRM (*om.* *N*) DIRECTA. INCIPIVNT CAPITVLA LIBRI QVI APPELLATVR PARADISVS *NT* VI· ID IAN. INCIPIT VITA VEL OBITVS SCI SEVERINI CONFESSORIS *L* INCIPIT PROLOGVS IN VITAM SCI HILARII (HYLARII *G*) EPISCOPI ET CONFESSORIS *CG*

HYMNVS IN LAVDEM SANCTI SEVERINI.

Canticum laudis domino canentes
Hunc diem festum celebremus omnes,
Quo Seuerinus penetrauit almus
Celsa polorum.

Quis stilo diues modulansque plectro
Cuncta signorum replicare possit,
Quae potens Christus studiis opimis
Contulit eius?

Inclitus uates nimiumque felix,
Saepius cui deus intimabat
Tunc ad oppressi populi salutem
Multa futura.

Voce praesaga laqueos latronum
Atque praedonum machinas retexens
Valde tutabat monitis supernis
Oppida fessa.

11 cf. Vit. XI, 1 13 cf. XXXVIIII, 1 14 cf. IIII, 1. V, 3. X, 2 17 cf. XI, 1. XXV, 3

magnus
1 Hymnus—Seuerini] *cod. Vat. 7172*: In s͠ci severini 4 almus
alta celoꝝ cōp̄ hende ł enarrare
5 celsa polorum 6 qui plec || *f. 33*ᵛ tro 7 replicare
miracula s͠cis pp̄ha beatus frequentius
8 que opimis 10 uates felix 11 sepius
ł scia c'todiebat ciuitates ł uicos lassa
14 p̄saga 15 p̄donum 16 tutabat 17 oppida fessa

Dulce solamen miseris ministrans
Horridam pestem famis amputauit,
Barbara plures feritate uictos
Soluit ab hoste.

Magne confessor, humilis magister,
Tu quidem normam monachis dedisti,
Calle demonstrans sobrio sequaces
Scandere caelum.

In tuis sanctis manibus refulsit
Caelitus lumen refluensque creuit
Ad tuos haustus olei liquamen
Fontis ad instar.

Condolens cunctos inopes fouebat,
Languidos sanans releuabat aegros:
Omnis accedens salubrem medelam
Sumpsit ab illo.

Tuque Siluinum loculo iacentem,
Fratribus coram precibus peractis,
Morte deuicta redire fecisti ad
Gaudia uitae.

Cereos flamma fidei cremante
Arguit sanctus pater infideles:
Moxque flammescunt deitatis igne
Algida corda.

1 cf. III, 3 3 cf. VIII, 5. VIIII, 1. X, 2. XVIIII, 3 6 cf. IIII, 6. VIIII, 4 9 cf. XIII, 2 11 cf. XXVIII, 2 13 cf. XVII, 1 14 cf. VI, 1. XIIII, 1. XXXIII. XXXIIII. XXXVIII, 2 17 cf. XVI, 4 21 cf. XI, 3

nig͛ ł t̃ribilẽ
1 ministrans horridam 2 fames (e *in* i *corr. m. 1*) 3 uictos] uictor *Ozanam* uicta *Sauppe* 4 soluit (libauit) 6 normam (m̃surã) 7 calle (uia) 8 scandere (ascende) celum 9 sacs (i) 10 celitus 13 inhopes 14 egros 15 accendens || *f. 34*[r] 17 syluinum 19 redire] regredi *Sauppe corr.* 20 uite 23 moxque *Sauppe*: nosque *cod.*

Cuius ad funus ueniens sacratum
Mutus accepit modulos loquelae,
Caecus exultat procul ambulantes
Cernere notos.

Neapolis, gaude redimita festis,
Plaude caelestem retinens patronum,
Quem tibi summus decus et iuuamen
Praestitit auctor.

Huius o clemens meriti creator
Gloriam nobis ueniamque confer,
Quo tui cultus super astra semper
Luce fruamur.

Gloriam patri resonemus omnes.

2 cf. XLV, 1 3 cf. XLVI, 4

1 sacraτ' 2 loquele 3 caecus] ceτ' 5 gaudet festa 6 celestem 7 sũm'] summum *Ozanam Sauppe* 8 p̃stitit 9 meriti* 13 gloriam — omnes] *om. Ozanam Sauppe*

I. INDEX SCRIPTORVM

Numeri adiecti paginas lineasque significant.

A) Scriptores, quos citat Eugippius.

B) Scriptores, qui citant Eugippii Vitam S. Seuerini.

II. INDEX NOMINVM ET RERVM.

III. INDEX VERBORVM ET LOCVTIONVM.

ADDENDA ET CORRIGENDA.

p. 17, 12 *uerba*: dominus pro uobis pugnabit et uos tacebitis *litteris latius dispositis scribenda erant*; *sunt enim Exodi 14, 14.*

p. 28, 10 *potius scrib.* satisactionibus *pro* satactionibus.

p. 31, 4 *scr.* excussis *pro* concussis *cl. praef. p. X.*

p. 41, 18 sq. *scr. cum codicibus*: basilicam *pro* in basilicam *et* collata *pro* collatas, *cl. praef. p. XI sq.*